CW00867461

1

PASSEMARD Hugo

Nous ne méritons pas leurs mémoires !

Hugo PASSEMARD, étudiant en Master 1 Droit des Affaires mention Fiscalité de

l'Entreprise à Aix en Provence.

A Snocna, Chantal & Christian

*La guerre est un mal qui
désonhore le genre humain*

Fénélon.

REMERCIEMENTS

Je tiens à remercier mes parents pour avoir
motivé chez moi un intérêt et une curiosité
particulière pour toute chose.

INTRODUCTION

Le titre « NOUS NE MERITONS PAS LEURS MEMOIRES » est un titre très personnel.

En écrivant ce recueil, ce qui m'a frappé, c'est mon hésitation à l'idée de partir en guerre pour mon pays. Cela peut sembler lâche mais la question mérite d'être posée :

Ais-je envie de mourir pour des gens qui ignorent jusqu'à mon existence ?

Ais-je envie de plonger ma famille dans une tristesse indicible, à l'idée de me perdre ?

Ais-je le droit de ne penser qu'à moi et d'agir avec égoïsme ?

Reprocher à l'homme d'utiliser son libre arbitre dans une situation telle que la guerre, qui en appelle directement à l'auto-préservation, est une vraie problématique.

Je me suis autorisé à répondre à ces questions et ma réponse est NON.

Je ne partirais pas, ou alors je déserterais comme un lâche, une personne sans courage. Je ferais parti de ceux marchant couvert de honte à la victoire de la guerre, et ça m'irais très bien.

Vivre plutôt que partir sans jamais revenir serait donc mon choix et pourrais t-on me le reprocher ? D'aucuns ne s'en gênerais car nous, français, sommes un peuple patriotique, la survie de la nation passe avant celle de ceux qui la compose.

Toutefois je ne peux m'empêcher de penser qu'on serait au moins deux, voire trois à refuser d'y aller… oh et puis soyons fous disons qu'il y en aurait dix, quinze, même plus, de quoi remplir un stade de foot en entier !

Pour eux, pour nous, j'ai écris ce titre, nous qui refuserions d'aller nous battre pour notre pays par peur de mourir ou envie de vivre, nous ne mériterions pas leurs mémoires, à eux qui sans hésitation, ont donné leur vies pour nous sauver et ainsi nous donner l'occasion de nous poser toutes ces questions.

Cet ouvrage a donc pour objectif de retransmettre l'émotion et l'approche qu'ont eu divers soldats qu'ils soient américains, allemands ou français, de la première et seconde guerre mondiale.

A travers des lettres et des journaux de guerre, ce recueil met en perspective non pas la manière dont le conflit est perçu et vécu par les soldats mais la façon différente qu'ils ont de la conter à leurs familles.

PREMIERE PARTIE

–

PREMIERE GUERRE MONDIALE

(1914 – 1918)

CHAPITRE 1

–

SOLDAT INCONNU N°1

Magnac Laval

Chère épouse et parents,

Aujourd'hui samedi, je vous écris pour faire savoir que nous sommes toujours à Magnac à l'heure qu'il est. Nous ne sommes pas encore tous habillés, car dans le régiment que nous allons former qui est le 90ème territorial, nous sommes plusieurs classes 95-96-97-98 et 99 « qui est moi » des plus jeunes.

La réserve d'active a été composée comme nous de plusieurs classes. Ils sont partis aux environs de paris, tandis que nous, on dit que nous partons lundi sans savoir la direction. Tout reste secret, les uns disent que nous allons même en Afrique remplacer la troupe qui est rentrée, les autres à la Rochelle ou à paris dans les forts. On dit même que nous allons faire les moissons dans la Champagne et c'est là que nous allons boire du bon vin.

J'ai vu Lucien le même jour dans la soirée qui venait d'arriver. Nous sommes à peu près fini d'habiller... nous on s'est habillé à notre guise, personne ne nous dit rien.

On se couche dans la paille et on dort ; puis on mange comme des cochons. On pourrait aller coucher chacun chez soi en attendant l'ordre du départ ;

Moi, je suis à la 12ème compagnie. Il y a encore deux ou trois classes de réserve d'armée active à rentrer qui viendra nous dépasser en chemin. Nous nous sommes des bons et ne vous pas de mauvais sang car si vous nous voyiez, on s'en fait guère, nous ! Je vous écris couché sur l'herbe sortant de faire un somme. Ne vous faites pas de mauvais sang et à bientôt ; Voila mon adresse :

soldat teritorial

à la 12ème compagnie du 90 ème territorial

à Magnac laval

Haute Vienne

vous n'avez pas à les affranchir.

Je vous embrasse

CHAPITRE 2

–

SOLDAT INCONNU N°2

Correspondance militaire adressée à monsieur Jules SECHERET

Soldat au 268 ème d'infanterie

23ème Compagnie

secteur postal N° 66

Champignolles (près de Montmorillon) le 31 décembre 1914

Cher parrain,

Mon Papa, ma Maman, ma petite sœur se joignent à moi pour te souhaiter une bonne et heureuse année et une bonne santé et pour t'embrasser de tout notre cœur .

L'an passé, ce jour, j'ai eu la joie de
t'embrasser, mais cette année, un Personnage
Maudit m'a enleve ce bonnheur, mais ayant
ta photographie, je la couvre de mes plus
tendres baisers avec le ferme espoir que tu
nous reviendras sain et sauf cette année de la
Victoire après avoir accompli le plus sacré des
Devoirs envers notre Patrie bien aimée.

Ta filleule qui l'aime bien.

Jeanne Fillaud

CHAPITRE 3

—

SOLDAT DELABRACHERIE

Lettre 1

-

Chère femme, mes deux gosses ainsi que toute ma famille,

Je te dirai que je suis rendu à Magnac et nous partons pour Paris jeudi prochain pour nous rendre sur la frontière de l'Allemagne. Je te dirai que depuis dimanche je n'ai pas mangé pour deux sous de nourriture quand en ce moment j'ai 50 000 mille idées dans la tête mais quoi qu'il en soit je ne suis pas malade. Je te dirai que nous avons arrêté un espion allemand et je te garanti qu'il n'est pas au bout de ses peines. Il y en a trois espions qui ont été exécuté mais pas à Magnac, tout près de Paris.

Je te dirai que c'est la dernière lettre que je te fais car après je pense que je ne pourrai plus ou si je réécris se sera quand je serai rendu à Paris.

En ce moment, il paraît que ça va mal mais je lutterai jusqu'au bout pour l'honneur de tous, vous sauver si je peux ainsi que tous mes camarades.

Lettre 2

Chers Mère et frère,

Tout ce que je vous recommande, s'est de veiller sur mes deux enfants ainsi que Margueritte bien aimée. Tant qu'à moi, ne comptez plus sur moi car on s'en va dans une boucherie humaine. Ma dernière pensée pour ma mère, ma femme et mes deux enfants ainsi que toute ma famille que j'ai tant aimé autrefois et que j'aimerai toujours tant que je vous verrez de loin. Il faut espérer qu'un jour on se trouvera dans l'espace du soleil. Embrasse mes petits bien fort pour moi.

Au 338ème de Magnac Laval, je te dirai que nous sommes beaucoup de Saint Junien.

Si vous voulez faire réponse, écrivez aussitôt reçu ma lettre. Ne vous ennuyez pas. Du courage. J'ai l'espoir d'apporter un casque Prussien.

bonjour à chez mon beau père.

Au revoir. Adieu Vive la France.

CHAPITRE 4

—

SOLDAT RAGAIN

Aux armées le 27 mai 1916

Chers parents,

*je suis toujours en bonne santé. Je ne cours
aucun risque. Les hommes creusent toujours
des tranchées et des boyaux. Depuis hier, nous
avons quitté notre bivouac pour aller dans un
cantonnement plus près du front. Nous
sommes avc des artilleurs, des chasseurs à
cheval, du génie à pieds et des hussards. Nous
sommes bien mieux que sous les tentes. Nous
devons aller au repos le 5 juin. Je trouve à peu
près tout ce que je veux ; ne m'envoyez ni
argent ni colis avant que je vous en ai
demandé. Le secteur est toujours calme ; nous
travaillons toute la journée et nous
n'entendons que quelques coups de 75.*

Je tiens à vous dire que les Allemands peuvent attaquer où nous sommes. Les malheureux, ils sont bien attendus. Vous ne pouvez pas vous figurer tout ce qui a été fait depuis la guerre comme tranchées, abris de mitrailleurs et guitounes.

Autant il en viendrait, autant il en resterait. De leur côté c'est peut être la même chose.

Plus rien de nouveau.

Votre fils qui vous aime

G Ragain

CHAPITRE 5

–

SOLDAT RONARD

Le 8 octobre 1914

Chère Jeanne,

Je viens te demander comment tu vas et si tu as des nouvelles de Louis.

Je suis depuis 5 semaines isolé au milieu de sales et dégoutants limousins qui nous traitent en véritables prisonniers allemands. Je mène une vie oisive et m'emnuie beaucoup.

J'espère avoir le plaisir de rejoindre prochainement le nord avant d'être désigné pour partir sur les champs car j'ai le numéro 3 et cela pourrait arriver d'un moment à l'autre. En tout cas, je ne peux regretter en aucune

façon cette région et n'importe où je peux
aller, je serai content de partir car ici il y a
vraiment bien de se demander si c'est encore la
France !!

Je ne me plains nullement de la vie militaire
en ce moment. On pourrait certes aller mieux
mais hélas il y a bien pire aussi.

Plaise à Dieu que nous sortions victorieux de
cette heure terrible et que ton mari et les miens
rejoignent leurs foyers intactes de la lutte.

Ton dévoué cousin

Ronard

CHAPITRE 6

–

SOLDAT INCONNU N° 3 DU NORD DE LA FRANCE

La guerre et ce qui s'ensuivit

Tu n'en reviendras pas toi qui courais les filles

Jeune homme dont j'ai vu battre le coeur à nu

Quand j'ai déchiré ta chemise et toi non plus

Tu n'en reviendras pas vieux joueur de manille

Qu'un obus a coupé par le travers en deux

Pour une fois qu'il avait un jeu du tonnerre

Et toi le tatoué l'ancien Légionnaire

Tu survivras longtemps sans visage sans yeux

Roule au loin roule train des dernières lueurs

Les soldats assoupis que ta danse secoue

Laissent pencher leur front et fléchissent le cou

Cela sent le tabac la laine et la sueur

Comment vous regarder sans voir vos destinées

Fiancés de la terre et promis des douleurs

La veilleuse vous faite de la couleur des pleurs

Vous bougez vaguement vos jambes condamnées

Vous étirez vos bras vous retrouvez le jour

*Arrêt brusque et quelqu'un crie Au jus là-
dedans*

*Vous baillez Vous avez une bouche et des
dents*

Et le caporal chante Au pont de Minaucourt

Déjà la pierre pense où votre nom s'inscrit

*Déjà vous n'êtes plus qu'un mot d'or sur nos
places*

Déjà le souvenir de vos amours s'efface

Déjà vous n'êtes plus que pour avoir péri

Aragon

Ceux de Liége

Dût la guerre mortelle et sacrilège

Broyer notre pays de combats en combats,

Jamais, sous le soleil, une âme n'oubliera

Ceux qui sont morts pour le monde, là-bas,

À Liège.

Ainsi qu'une montagne

Qui marcherait et laisserait tomber par chocs

Ses blocs,

Sur les villes et les campagnes,

S'avançait la pesante et féroce Allemagne.

Oh tragique moment

Les gens fuyaient vers l'inconnu, éperdument

Seuls, ceux de Liège résistèrent

À ce sinistre écroulement

D'hommes et d'armes sur la terre.

S'ils agirent ainsi,

C'est qu'ils savaient qu'entre leurs mains était
remis

Le sort

De la Bretagne grande et de la France claire ;

Et qu'il fallait que leurs efforts,

Après s'être acharnés, s'acharnassent encor

En des efforts plus sanguinaires.

Peu importait

Qu'en ces temps sombres,

Contre l'innombrable empire qu'ils
affrontaient,

Ils ne fussent qu'un petit nombre ;

À chaque heure du jour,

Défendant et leur ville, et ses forts tour à tour,

Ils livraient cent combats parmi les intervalles
;

Ils tuaient en courant, et ne se lassaient pas

D'ensanglanter le sol à chacun de leurs pas

Et d'être prompts sous les rafales

Des balles.

Même lorsque la nuit, dans le ciel sulfureux,

Un Zeppelin rôdeur passait au-dessus d'eux,

Les désignant aux coups par sa brusque
lumière,

Nul ne reculait, fût-ce d'un pas, en arrière,

Mais, tous, ils bondissaient d'un si farouche
élan,

En avant,

Que la place qu'ils occupaient demeurait vide

Quand y frappait la mort rapide.

À l'attaque, sur les glacis,

Quand, rang par rang, se présentaient les
ennemis,

Sous l'éclair courbe et régulier des
mitrailleuses,

Un tir serré, qui, tout à coup, se dilatait,

Immensément les rejetait,

Et, rang par rang, les abattait

Sur la terre silencieuse.

Chaudfontaine et Loncin, et Boncelle et
Barchon,

Retentissaient du bruit d'acier de leurs
coupoles ;

Ils assumaient la nuit, le jour, sur leurs
épaules,

La charge et le tonnerre et l'effroi des canons.

À nos troupes couchées,

Dans les tranchées,

Des gamines et des gamins

Distribuaient le pain

Et rapportaient la bière

Avec la bonne humeur indomptée et guerrière.

On y parlait d'exploits accomplis simplement

Et comme, à tel moment,

Le meilleur des régiments

Fut à tel point fureur, carnage et
foudroiement,

Que jamais troupe de guerre

Ne fut plus ferme et plus terrible sur la terre.

La ville entière s'exaltait

De vivre sous la foudre ;

L'héroïsme s'y respirait,

Comme la poudre ;

Le cœur humain s'y composait

D'une neuve substance

Et le prodige y grandissait

Chaque existence :

Tout s'y passait dans l'ordre intense et
surhumain.

Ô vous, les hommes de demain,

Dût la guerre mortelle et sacrilège

Même nous écraser dans un dernier combat,

Jamais, sous le soleil, une âme n'oubliera,

Ceux qui sont morts pour le monde, là-bas,

À Liège.

Emile VERHAEREN

L'illumination

-

La grand'route est énormément blanche

Et, vrai, si trop fort, qu'on ne peut

Dire: ça cligne aveugle.

Ça se troue, puis se dresse blanc.

À droite, à gauche, l'Avril terrible :

Amandiers, oliviers, près, pins,

Cailloux, blés verts, figuiers et roches.

Ça tressaille en l'œil comme, au fond

D'un crible, les couleurs des graines.

Les lignes, les idées se raturent :

Pourtant, c'est coulé d'un seul bloc,

Et même, tout de même, si l'on regarde,

C'est net et finement dessiné.

Cet homme en capote horizon

Dont sur la route la face semble noire,

Noire comme ses dents, noire comme son rire,

Cet homme qui rentre chez lui, lentement,

Traînant la mémoire du frère tué,

De la femme partie et deux jambes

Plus vieilles que lui, d'âge inégal

(La plus moche, c'est la sciatique d'Ypres,

La moins pire, celle du shrapnell de Reims),

Cet homme, ébloui tristement,

Se rappelle soudain comme en rêve…

Est-ce qu'il n'a pas déjà connu cela :

Une route dans un vertige

Perpétuel et un soleil,

Deux, trois, quatre, cinq soleils des années

Qui s'ajoutent au dos sur le sac?

Des deux côtés, haut comme la jambe,

Un mur que l'on pourrait sauter

Mais qui vous a, comme une prison.

Et, des deux parts, le monde splendide,

Foisonnant, et plein, et précis,

L'immense monde gaillard qui s'en fiche ?…

Comme la fatigue, la chaleur,

La lumière réveillent ses longues fièvres,

Il trouve tout à coup bien simples

Les cinq années qu'il vient de vivre,

Et comprend soudain parfaitement

Ce qu'il faut être fou pour comprendre.

Luc Durtain.

CHAPITRE 7

–

SOLDAT CHAPELAIN

Lettre 1

-
Belgique Nordchoste 1er Novembre 1914

Ma chère adorée,

*je t'écris sur mon sac dans les tranchées, voilà
9 jours que nous y sommes jour et nuit. Les
zouaves, les tirailleurs et les noirs sont
arrivés. Ils ont tenté de se porter en avant en
traversant au moyen d'un pont le canal de
Nieggport à Ypres qui est devant nous à 5 mn
mais l'ennemi est là à 700m qui leur envoie
un feu nourri. 17 zouaves tombent et sont
obligés de battre en retraite.*

*Je ne peux te dire le temps que nous allons
rester ici.*

Mouhaud de Saingnemousoude a été tué dans un combat le 22 octobre nous avons dans le régiment 12 morts, nous étions en 1ère ligne.

Eugène Thomas a un doigt de coupé, il est évacué. Les sales boches bombardent toute les églises surtout. Je ne vois plus de journaux, je ne sais comment ça va ailleurs, nous avons su malgré ça le succès de l'armée Russe.

Vivement qu'ils arrivent à Berlin car ça commence a être long.

Je suis toujours en bonne santé et je pense qu'il en est de même chez toi ainsi que nos amis et toute la famille. Tu mes dis que tu vas partir au pays, peut être es tu partie. J'ai reçu ta lettre le 29, je vais adresser la lettre à paris si tu es partie la concierge la fera bien suions pas pu les dvre. Tu pourrais rester souvent à Laprugne, le plus souvent possible. L'on prétend que la guerre finira en Belgique, c'est un pays plat, mais voilà 10 jours que nous sommes face à l'ennemi et nous n'avons pas pu les déloger.

Je n'ai besoin de rien pour le moment, j'ai un tricot que j'ai touché à la compagnie. J'ai encore de l'argent. Quand j'aurai besoin de quelque chose je te le dirai. L'on boit de l'eau quand on en trouve ou de la bière mais il n'y en a plus. Le vin est très rare. Il vaut 1 franc 75 la bouteille mais où les allemands ont passé il n'y a plus rien. Avec de l'argent l'on peut rien avoir. Nous sommes les 1ers territoriaux au feu, il doit y avoir question de politique. Je ne sais si l'on va nous y laisser.

Tu m'écriras le plus souvent que tu pourras. Au lieu de Magnac Laval tu mettras central militaire.

Je termine en t'embrassant ainsi que toute la famille de tout cœur

CHAPELAIN

Lettre 2

Si t'es pas partie, bonjour aux amis.

Les obus allemands passent sur nos têtes et vont éclater en arrière, quelques balles, de temps à autre, notre artillerie leur répond.

Il faudra t'arranger pour toucher ton allocation au pays, ne pas leur en faire cadeau. J'ai fait ma lettre hier. Je vais tacher de la faire partir, je vais l'affranchir à 0 franc 25 tu me diras si elle y était car nous sommes toujours dans les tranchées, les aéros passent et sont attaqués par l'armée allemande sans les toucher. Il fait bien beau mais c'est un drole jour de toussaint. Donne moi des nouvelles de tes frères et de Gaston. Ton père ne m'a toujours pas répondu.

Ce n'est pas gai car nous sommes très mal ravitaillé, mais il faut prendre courage, deux avions viennent de se tirer l'un à l'autre sans s'atteindre. C'est le premier avion allemand

que nous voyons. Il a envoyé 15 coups de
canon sans être atteint.

CHAPELAIN

CHAPITRE 8

–

SOLDAT INCONNU N°4

-
-
Septembre 1914

« ...Toujours une santé aussi bonne ; le frois seul m'est un peu sensible, mais je m'y habitue. Je reçois régulièrement de vos nouvelles, est-ce pour vous la même chose, Nous sommes très bien nourris, et je t'assure que si le canon ne tonnait pas si souvent et si fort l'on se croirait en manœuvre. Si la victoire nous sourit, la fin de la guerre ne tardera pas et alors quel long repos !!!... »

(Le régiment venait de subir la perte de plus de 500 hommes....)

CHAPITRE 9

—

SOLDAT CHAZETTE

Croissy beau bourg le 17 septembre 1914

Chers Parents,

Je suis arrivé à Croissy il était environ 7 heures, nous avons fait de 28 à 30 kilomètres et avant d'arriver pour nous soulager de la fatigue que nous avions. Il a fait un orage épouvantable et il tombais de l'eau en abondance sans pouvoir trouver aucun abris. Il n'a pas duré longtemps mais le peu de temps, il nous a mouillé quand même. Nous avons eu cependant des effets secs pour nous changer. Aujourd'hui, il n'a pas plu, au contrire, il a fait beau. Nous sommes assez bien cantonné. Nous avons de la paille en suufisance et je crois que nous y resterons.

Au revoir chers parents.

A peut être bientôt

Chazette

CHAPITRE 10

—

SOLDAT JEAN CLAUDE

le 16 avril 1916

Ma chère Ginette,

je t'écris pour te dire que j'ai connu la mort de près cette nuit, mais maintenant tout va pour le mieux. J'ai vu toute ma vie défiler devant mes yeux. A cause d'un tir d'obus dans ma tranchée, l'alcôve où je dormais s'est effondrée, deux de mes camarades sont morts dans l'écroulement.

Moi, j'ai reçu une poutre sur la jambe, ma jambe s'est infectée et les docteurs ont été obligés de ma couper la jambe. Maintenant, je ne risque plus rien car ils m'ont transféré en

dehor de la zone de combats. Je peux te dire
que je suis heureux d'être parti de cet enfer
avec les rats, des poux, les morpions, la boue,
les macabés, les tirs d'artillerie de toutes
sortes.

Même si te l'ai dit dans mes lettres
précédentes, c'est horrible ici, l'odeur de ses
camarades morst depuis trois jours. Mais
malgré tout ce malheur et toute cette haine, je
pense sans arrêt à toi, toi Ginette. Tu
illumines mon cœur comme le soleil se levant
sur le champ de bataille encore fumant à cause
des obus de la veille.

Ton Jean Claude

CHAPITRE 11

–

SOLDAT AUGUSTE

Lettre 1

-
le 28 de ce Mai 1916.

Que pourrait trouver ma Chérie, ton petit mari de plus agréable que de pouvoir t'écrire son petit mot en cette triste situation, pour vous dire à tous mes bien chers qu'en ce jour, je suis toujours bien portant et en même temps comme toujours j'espère et désire de tout cœur que vous jouissiez tous d'une bien bonne santé.

En ce 28 mai, saison des grans jours, que pourrai je bien vous dire ! Rien, mes biens chers, absoluement rien ! Situation sans grand changement.

La paix ne vient pas vite sur notre pauvre terre boulversée par la science moderne changée en barbarie effrénée. Enfin, gardons toujours l'espoir que cette affreuse calamité aura sa fin comme toute chose ici bas.

Hier soir, je n'ai pas eu ma bonne lettre. Ce soir, je l'attend avec impatience. Le temps ne passe pas assez vite. Ma Valentine bien aimée, je l'espère toujours. Ah comme je serai heureux lorsque je serai pour toujours près de toi. Courage et espérons ! Coeur toujours beau !

Je termine pour aujourd'hui, mes bien chers en vous embrassant de tout cœur. Comme je vous aime !

Ton Cher petit qui t'aime bien fort, en serrant ma petite femme chérie

Auguste

Lettre 2

le 6 novembre 1918,

Mon adorée,

J'ai reçu ce matin une lettre de toi datée du 3. Elle m'a causé un très grand plaisir de te savoir en exellente santé.

Pour moi ça va toujours très bien mais ce soir je suis désolé, je croyais finir aujourd'hui, mais je n'ai pas eu de veine.

Le matin, nous avions 2 appareils pour faire des tirs et ils ont été cassés les deux, puis après midi pour comble de malheur il a plu toute la soirée nous n'avons donc pas pu voler.

Pourvu que demain il fasse beau temps, car j'en ai assez de ce pays, puis il me tarde de te revoir. Enfin j'espère qu'il fera beau et que je pourrai vite finir afin d'être près de toi samedi ou dimanche matin.

Dans cette espérance, je termine en

t'embrassant bien fort et bien longuement sur ta bouche tant aimée.

CHAPITRE 12

–

SOLDAT MARECHAL

10 août 1914.

"Hier, durant tout le trajet, les populations pressées au passages à niveau et aux gares n'ont cessé de nous acclamer, les femmes envoyant des baisers, les hommes reprenant avec nous la Marseillaise et le Chant du départ. Pourquoi faut-il qu'une angoisse sourde m'étreigne le coeur?

Si c'était en manoeuvre, ce serait très amusant; mais voilà, après-demain, dans 3 jours peut-être, les balles vont pleuvoir et qui sait?

Si j'allais ne pas revenir, si j'allais tuer ma mère, assassiner ma mère, volontairement?

Oh, que m'est-il réservé? Pardon Maman!
j'aurais du rester, travailler mon violoncelle
pour vous, pour vous qui avez fait tant de
sacrifices, pour petite mère, déjà malade!".

Maurice MARECHAL, matricule 4684,
classe 1912, 2° classe, 22 ans, violoncelliste

CHAPITRE 13

–

SOLDAT GILLES

3 mai 1916.

"Tu ne peux pas te faire idée, ma chère, combien nous sommes malheureux; donc pourtant je n'ai pas trop l'habitude de ma plaindre, mais ce coup-ci j'y suis obligé car c'est une chose au-dessus de l'imaginable, c'est à ne pas pouvoir te dire.

Dans ce tunnel, nous sommes une affaire de 3000 hommes en réserve, dans une humidité car l'eau ruisselle tout le long des murs, et il faut pourtant coucher là sur la voie de chemin de fer.

On va chercher les vivres en pleine nuit près de Verdun, accompagnés tout le long du chemin par les obus, ce qui fait que nous ne pouvons faire qu'un repas par jour et sans soupe.

Pour se rendre aux premières lignes, c'est très pénible et très dangereux; un kilomètre environ avant d'arriver, il y a un passage dénommé le ravin de la mort, qui sait les hommes qu'il y a de tués là-dedans; il faut y passer, il n'y a pas d'autre endroit."

Joseph Gilles

CHAPITRE 14

–

SOLDAT ALLEMAND FRITZ

"Nous avons passé trois jours couchés dans les trous d'obus à voir la mort de près, à l'attendre à chaque instant.

Et cela, sans la moindre goutte d'eau à boire et dans une horrible puanteur de cadavres.

Un obus recouvre les cadavres de terre, un autre les exhume à nouveau.

Quand on veut se creuser un abri, on tombe tout de suite sur des morts.

Je faisais partie d'un groupe de camarades, et pourtant chacun ne priait que pour soi".

Karl FRITZ, armée allemande

CHAPITRE 15

—

SOLDAT INCONNU N°4

3 juin 1917.

"Je vais vous dire que nous avons refusé de monter en ligne mardi soir, nous n'avons pas voulu marcher, nous nous sommes mis presque en grève, et beaucoup d'autres régiments ont fait comme nous. Vous savez si cela fait du propre...

Quand j'irai en perme je vous raconterai mieux [...] Ils nous prennent pour des bêtes, nous faire marcher comme cela et pas grand-chose à manger, et encore se faire casser la figure pour rien; on aurait monté à l'attaque, il en serait resté la moitié et on n'aurait pas avancé pour cela. Enfin je ne sais pas quoi que ça va devenir, ça va très mal pour le moment.

*Peut-être que vous ne recevrez pas ma lettre,
ils vont peut-être les ouvrir et [celles] où l'on
raconte ce qui se passe [ils] vont les garder ou
les brûler... Moi je m'en moque, j'en ai assez
de leur guerre..."*

*Soldat de la 7° compagnie du 36° Régiment
d'Infanterie*

CHAPITRE 16

–

SOLDAT EUGENE

Le 30 mai 1917

Léonie chérie

J'ai confié cette dernière lettre à des mains amies en espérant qu'elle t'arrive un jour afin que tu saches la vérité et parce que je veux aujourd'hui témoigner de l'horreur de cette guerre.

Quand nous sommes arrivés ici, la plaine était magnifique. Aujourd'hui, les rives de l'Aisne ressemblent au pays de la mort. La terre est bouleversée, brûlée. Le paysage n'est plus que champ de ruines.

Nous sommes dans les tranchées de première

ligne. En plus des balles, des bombes, des barbelés, c'est la guerre des mines avec la perspective de sauter à tout moment. Nous sommes sales, nos frusques sont en lambeaux. Nous pataugeons dans la boue, une boue de glaise, épaisse, collante dont il est impossible de se débarrasser. Les tranchées s'écroulent sous les obus et mettent à jour des corps, des ossements et des crânes, l'odeur est pestilentielle.

Tout manque : l'eau, les latrines, la soupe. Nous sommes mal ravitaillés, la galetouse est bien vide ! Un seul repas de nuit et qui arrive froid à cause de la longueur des boyaux à parcourir. Nous n'avons même plus de sèches pour nous réconforter parfois encore un peu de jus et une rasade de casse-pattes pour nous réchauffer.

Nous partons au combat l'épingle à chapeau au fusil. Il est difficile de se mouvoir, coiffés d'un casque en tôle d'acier lourd et incommode mais qui protège des ricochets et encombrés de tout l'attirail contre les gaz asphyxiants. Nous avons participé à des offensives à outrance qui ont toutes échoué sur des montagnes de cadavres.

Ces incessants combats nous ont laissé exténués et désespérés. Les malheureux estropiés que le monde va regarder d'un air dédaigneux à leur retour, auront-ils seulement droit à la petite croix de guerre pour les dédommager d'un bras, d'une jambe en moins ? Cette guerre nous apparaît à tous comme une infâme et inutile boucherie.

Le 16 avril, le général Nivelle a lancé une nouvelle attaque au Chemin des Dames. Ce fut un échec, un désastre ! Partout des morts ! Lorsque j'avançais les sentiments n'existaient plus, la peur, l'amour, plus rien n'avait de sens. Il importait juste d'aller de l'avant, de courir, de tirer et partout les soldats tombaient en hurlant de douleur. Les pentes d'accès boisées, étaient rudes.

Perdu dans le brouillard, le fusil à l'épaule
j'errais, la sueur dégoulinant dans mon dos.
Le champ de bataille me donnait la nausée.
Un vrai charnier s'étendait à mes pieds. J'ai
descendu la butte en enjambant les corps
désarticulés, une haine terrible s'emparant de
moi.

Cet assaut a semé le trouble chez tous les
poilus et forcé notre désillusion. Depuis, on ne
supporte plus les sacrifices inutiles, les
mensonges de l'état major. Tous les
combattants désespèrent de l'existence,
beaucoup ont déserté et personne ne veut plus
marcher.

Des tracts circulent pour nous inciter à
déposer les armes. La semaine dernière, le
régiment entier n'a pas voulu sortir une
nouvelle fois de la tranchée, nous avons refusé
de continuer à attaquer mais pas de défendre.

Alors, nos officiers ont été chargés de nous juger. J'ai été condamné à passer en conseil de guerre exceptionnel, sans aucun recours possible. La sentence est tombée : je vais être fusillé pour l'exemple, demain, avec six de mes camarades, pour refus d'obtempérer.

En nous exécutant, nos supérieurs ont pour objectif d'aider les combattants à retrouver le goût de l'obéissance, je ne crois pas qu'ils y parviendront.

Comprendras-tu Léonie chérie que je ne suis pas coupable mais victime d'une justice expéditive ? Je vais finir dans la fosse commune des morts honteux, oubliés de l'histoire. Je ne mourrai pas au front mais les yeux bandés, à l'aube, agenouillé devant le peloton d'exécution. Je regrette tant ma Léonie la douleur et la honte que ma triste fin va t'infliger.

C'est si difficile de savoir que je ne te reverrai

plus et que ma fille grandira sans moi.
Concevoir cette enfant avant mon départ au
combat était une si douce et si jolie folie mais
aujourd'hui, vous laisser seules toutes les
deux me brise le cœur. Je vous demande
pardon mes anges de vous abandonner.

Promets-moi mon amour de taire à ma petite
Jeanne les circonstances exactes de ma
disparition. Dis-lui que son père est tombé en
héros sur le champ de bataille, parle-lui de la
bravoure et la vaillance des soldats et si un
jour, la mémoire des poilus fusillés pour
l'exemple est réhabilitée, mais je n'y crois
guère, alors seulement, et si tu le juges
nécessaire, montre-lui cette lettre.

Ne doutez jamais toutes les deux de mon
honneur et de mon courage car la France nous
a trahi et la France va nous sacrifier.

Promets-moi aussi ma douce Léonie, lorsque
le temps aura lissé ta douleur, de ne pas

renoncer à être heureuse, de continuer à
sourire à la vie, ma mort sera ainsi moins
cruelle.

Je vous souhaite à toutes les deux, mes petites
femmes, tout le bonheur que vous méritez et
que je ne pourrai pas vous donner. Je vous
embrasse, le cœur au bord des larmes. Vos
merveilleux visages, gravés dans ma mémoire,
seront mon dernier réconfort avant la fin.

Eugène ton mari qui t'aime tant

CHAPITRE 17

—

SOLDAT RENÉ

20 décembre 1917.

Ma douce Thérèse,

Voilà quelques jours que je ne t'ai pas écrit mais, vois-tu, ici dans les tranchées, il fait froid. Mes doigts sont tout engourdis, c'est à peine si j'arrive encore à manier mon fusil. Les conditions de vie pour les soldats tels que moi sont devenues insupportables. Chaque seconde, nous devons lutter contre la faim, le froid, le sommeil et la peur.

Car oui, nous avons peur. Peur de voir des allemands surgir à tout moment. L'intérieur des tranchées n'est que gadoue. Cette boue se retrouve partout, même dans le pain que l'on mange une fois qu'on l'a touché.

Ça a d'ailleurs un goût assez désagréable. Mais il ne nous est pas permis de faire la fine bouche puisque la nourriture se fait de plus en plus rare. Les rats ont également envahis nos tranchées. Ils sont énormes et sont encore plus laids que ceux que j'ai pu voir à la ferme. Et plus méchants. Il y a peu, ils ont tué un chien et l'ont mangé.

Tuer est devenu pour moi une habitude. C'est horrible à dire mais c'est la vérité. Ces trois années de guerre ont fait de moi et de tous mes compagnons des monstres. Les grandes batailles telles que celle de Verdun l'année dernière qui a fait plus de 680 000 morts en sont la preuve formelle.

Nous avons tous perdu espoir de voir ce massacre se terminer un jour. Lorsque je suis

parti, même si te quitter a été pour moi un
déchirement, j'avais le sourire car je croyais
l'État lorsqu'il nous disait que ce ne serait
qu'une question de mois, que nous
reviendrions vite retrouver notre petite vie
tranquille.

Tous les soldats l'ont cru. Le fait est que c'est
le troisième Noël que je vais passer loin de toi
et que plus de la moitié des hommes avec qui je
suis parti sont déjà morts. Ils avaient tous des
parents, des amis, une famille, certains étaient
même père. Ils ne reverront jamais ceux qui
leur étaient chers. Et tout ces enfants
grandiront seuls, parce que leur père est parti
mourir pour la patrie.

Mais l'Etat est coupable d'un mensonge
encore plus grand. Un de nos camarades est
rentré de permission il y a quelques semaines.
Il nous a ramené des journaux pour nous

montrer ce que l'on dit aux civils à propos de
la guerre. Les balles ennemies ne seraient
d'aucun effet sur nous.

Et le fils de la voisine alors, comment est-il
mort? Un autre article aussi parlait de
Verdun justement. Alors comme ça, les abris
avaient tout le confort nécessaire, tel que le
chauffage ou l'électricité?

D'après le soldat, lorsqu'il a voulu contredire
ce ramassis de mensonges, les civils ne l'ont
pas cru. Ils étaient persuadés que ce qui
étaient écrit n'est autre que la vérité.
Comment peut-il en être ainsi? J'espère que
tu ne fais pas partie de ces gens-là ou alors que
cette lettre te fera changer d'avis.

Certains de mes compagnons, parce qu'ils
n'en pouvaient de vivre loin de leur famille
sans voir grandir leurs enfants, ont eu recours
à la mutilation volontaire. Nos supérieurs

s'en sont aperçus et ces soldats seront fusillés ce soir. Comment l'État peut-il agir ainsi? Tous ces soldats se battent pour des hommes plus haut placés qui eux, restent bien au chaud en élaborant des pseudostratégies.

Pourtant, au moindre signe de faiblesse, dès que l'envie d'arrêter de tuer se fait ressentir, le gouvernement n'hésite pas à tuer ces soldats, alors que ce sont des hommes de sa patrie qui auraient été prêts à donner leur vie pour la France! Qu'ils s'occupent plutôt des ces foutus boches qui nous canardent du matin au soir! C'est comme l'affaire des martyrs de Vingré. Ces pauvres hommes n'étaient coupables de rien, sinon d'avoir voulu échapper à l'ennemi.

Tu dois te demander pourquoi je te dis tout cela aujourd'hui alors que, dans mes précédentes lettres, j'avais l'air d'être heureux. En voici la raison : la censure veille. Elle lit le moindre de nos courriers et, dès

qu'une lettre est un peu pessimiste, elle est
détruite.

Le gouvernement vous fait croire que nous
allons gagner cette guerre, que les soldats
meurent heureux pour leur patrie, que nous
mangeons toujours à notre faim et que nous
ne souffrons pas du froid.

Tout cela est faux et je veux que tu saches la
vérité. Mais je sais que tu recevras cette lettre
car le fils du boulanger a une permission. Je
lui ai demandé de te donner cette lettre.
Pourras-tu le remercier en lui cuisinant
quelques chose? Tu as toujours eu un don
pour la cuisine.

J'espère que notre fils va bien. Je ne l'ai vu
que deux fois depuis qu'il est né. J'espère que
j'aurais bientôt une autre permission pour
pouvoir vous rendre visite. Ces jours loin de
vous deux deviennent de plus en plus

insupportables.

Tout mon amour dans cette lettre pour toi et notre enfant.

René.

CHAPITRE 18

—

SOLDAT GASTON

Gaston Biron a attendu une permission
pendant plus de deux ans. Quand

elle arrive enfin, elle est chargée d'une
épouvantable déception.

Ma chère mère,

Je vais probablement t'étonner en te
disant que c'est presque sans

regret que j'ai quitté Paris, mais c'est la
vérité.

Que veux-tu, j'ai constaté comme tous
mes camarades du reste que

ces deux ans de guerre avaient amené
petit à petit chez la population

civile, l'égoïsme et l'indifférence et que
nous autres combattants nous

étions presque oubliés. (...)

Je vais donc essayer d'oublier comme on
m'a oublié, ce sera certainement

plus difficile, et pourtant j'avais fait un
bien joli rêve depuis deux

ans. Quelle déception ! Maintenant je vais
me sentir bien seul. Puissent

les hasards de la guerre ne pas me faire
infirme pour toujours, plutôt la

mort c'est maintenant mon seul espoir.

Gaston, lettre datée du 14 juin 1916

CHAPITRE 19

—

SOLDAT DORGELÈS

Roland Dorgelès, Les Croix de bois,
Incipit (extrait)

Les fleurs, à cette époque de l'année,
étaient déjà rares ; pourtant on en avait
trouvées pour décorer tous les fusils du
renfort et, la clique en tête, entre deux
haies muettes de curieux, le bataillon,
fleuri comme un grand cimetière, avait
traversé la ville à la débandade.

Avec des chants, des larmes, des rires, des
querelles d'ivrognes, des adieux
déchirants, ils s'étaient embarqués. Ils

avaient roulé toute la nuit, avaient mangé leurs sardines et vidé les bidons à la lueur d'une misérable bougie, puis, las de brailler, ils s'étaient endormis, tassés les uns contre les autres, tête sur épaule, jambes mêlées.

Le jour les avait réveillés. Penchés aux portières, ils cherchèrent dans les villages, d'où montaient les fumées du petit matin, les traces des derniers combats. On se hélait de wagon à wagon.

— Tu parles d'une guerre, même pas un clocher de démoli !

Puis, les maisons ouvrirent les yeux, les chemins s'animèrent, et retrouvant de la voix pour hurler des galanteries, ils jetèrent leurs fleurs fanées aux femmes qui attendaient, sur le môle des gares, le retour improbable de leurs maris partis. Aux haltes, ils se vidaient et faisaient le plein des bidons. Et vers dix heures, ils débarquaient à Dormans, hébétés et moulus.

Après une pause d'une heure pour la soupe, ils s'en allèrent par la route, – sans clique, sans fleurs, sans mouchoirs agités, – et arrivèrent au village où notre régiment était au repos, tout près des lignes.

Là, on en tint comme une grande foire, leur troupeau fatigué fut partagé en petits groupes – un par compagnie – et les fourriers désignèrent rapidement à chacun une section, une escouade, qu'ils durent chercher de ferme en ferme, comme des chemineaux sans gîte, lisant sur chaque porte les grands numéros blancs tracés à la craie.

Bréval, le caporal, qui sortait de l'épicerie, trouva les trois nôtres comme ils traînaient dans la rue, écrasés sous le sac trop chargé d'où brillaient insolemment des ustensiles de campement tout neufs.

— Troisième compagnie, cinquième escouade ? C'est moi le cabot. Venez, on est cantonné au bout du patelin.

Quand ils entrèrent dans la cour, ce fut Fouillard, le cuisinier, qui donna l'alerte.

— Hé ! les gars, v'là le renfort.

Et ayant jeté, devant les moellons noirs de son foyer rustique, la brassée de papier qu'il venait de remonter de la cave, il examina les nouveaux camarades.

— Tu ne t'es pas fait voler, dit-il sentencieusement à Bréval. Ils sont beaux comme neufs.

Nous nous étions tous levés et entourions d'un cercle curieux les trois soldats ahuris. Ils nous regardaient et nous les regardions sans rien dire. Ils venaient de l'arrière, ils venaient des villes. La veille encore ils marchaient dans des rues, ils voyaient des femmes, des tramways, des boutiques ; hier encore ils vivaient comme des hommes. Et nous les examinions émerveillés, comme des voyageurs débarquant des pays fabuleux.

— Alors, les gars, ils ne s'en font pas là-bas ?

— Et ce vieux Paname, questionna Vairon, qu'est-ce qu'on y fout ?

Eux aussi nous dévisageaient, comme s'ils étaient tombés chez les sauvages. Tout devait les étonner à cette première rencontre ; nos visages cuits, nos tenues disparates, le bonnet de fausse loutre du père Hamel, le fichu blanc crasseux que Fouillard se nouait autour du cou, le pantalon de Vairon cuirassé de graisse, la pèlerine de Lagny, l'agent de liaison, qui avait cousu un col d'astrakan sur un capuchon de zouave, ceux-ci en veste de biffin, ceux-là en tunique d'artilleur, tout le monde accoutré à sa façon ; le gros Bouffioux, qui portait sa plaque d'identité à son képi, comme Louis XI portait ses médailles, un mitrailleur avec son épaulière de métal et son gantelet de fer qui le faisaient ressembler à un homme d'armes de Crécy, le petit Belin, coiffé d'un vieux calot de dragon enfoncé jusqu'aux oreilles, et Broucke, « le gars de ch'Nord », qui s'était taillé des molletières dans des rideaux de reps vert.

Roland Dorgelès, incipit des Croix de bois (1919), Albin Michel, réédition Livre de Poche 2011 p. 7 à 9

CHAPITRE 20

–

SOLDAT INCONNU N°5

Provins, le 1er Novembre 1915

Chère Marie,

Je t'écris deux mots de lettre pour te dire
que suit en bonne santé et je désire que
ma lettre vous trouve tous, de même.

Je suis toujours à l'hôpital mais pas pour
longtemps, si j'avais resté 15 jours j'aurais
eu une permission de 6 jours.

Je ne sais pas d'où que ça vient j'écris tous
les jours et je reçois pas de réponse.
J'attends de vos nouvelles au plutôt.

Je vois plus grand chose à vous dire pour
aujourd'hui.

Je termine en vous embrassant de tout
mon cœur.

Bien le bonjour à vous tous.

Antoine

Mon adresse :

à l'hôpital complémentaire n°3

Provins

(Seine et Marne)

CHAPITRE 21

–

SOLDAT INCONNU N°6

Réjat, le 2 juin 1915

Très cher époux

Je t'écris ces quelques lignes pour te donner de nos nouvelles qui sont toujours très bonnes pour le moment toute la famille est ainsi et je pense que ma lettre te trouvera de même.

Nous avons reçu ta lettre mardi qui nous fait grand plaisir d'apprendre de tes nouvelles que j'attendais tous les jours. Nous avons reçu tons Panorama vendredi.

Les petits étaient bien content est ta petite fille qui parle tous jours de son papa qui

est bien mignonne. Mon cher Antoine j'ai
reçu mes allocations samedi soir à 3
heures trois cent vingt franc à partir du 15
janvier. Mais si tu as besoin de quelque
chose, fais- moi donc savoir.

Belugeon m'a donné 3 boisseaux de trèfle
voilà 3 jours que les vaches n'ont pas été
au champ. Tous les jours il pleut à torrent
et il fait froid c'est un vilain temps.

Je ne vois plus grand chose à te dire mais
ne te fais pas de mauvais sang sur nous
autre tu peux être tranquille à présent.

Je termine ma lettre en t'embrassant de
tout mon coeur bien des fois. Ta femme.
Bien le bonjour de la part de toute la
famille. Marie

JOURNAL DE GUERRE

–

SOLDAT CANADIEN
CHARLES ROBERT
BOTTOMLEY

FEVRIER 1918

15 février 1918 -- Suis allé à midi des pièces au stationnement. Ai changé de veston et de pantalon.

16 février 1918 -- Parti en permission de Neun Le Mines. Les Frisés bombardaient la gare. Ai dû filer au chemin de Béthune dans des wagons couverts pour attraper le train des permissionnaires. Arrivé à Balounge vers 21 h. Ai dormi toute la nuit au marché du poisson.

17 février 1918 -- Arrivé en Angleterre avec trois navires chargés de troupes vers 14 h 30 et ai pris le train de Londres. Arrivé à Londres vers 17 h 30. Suis allé au Maple Leaf Club, ai mangé et ai encaissé mon chèque. Ai pris un bain et ai changé de sous-vêtements et de vêtements. Suis ensuite allé à la gare Burton en métro prendre le train pour Manchester.

18 février 1918 -- Arrivé à Rochdale à 7 h 15 et à Bagslate vers 8 h. Suis allé en ville visiter ma famille sur Rathway Street. Ai passé líaprès-midi avec papa.

19 février 1918 -- Suis allé à Heywood. Ai visité plusieurs membres de la famille en ville et suis allé en soirée chez Jack Lindsay.

20 février 1918 -- Suis allé à Heywood. Ai visité plusieurs amis. Ai pris le thé avec Ernest Milne.

21 février 1918 -- Ai passé toute la journée à Rochdale et à Bagslate.

22 février 1918 -- Levé tôt. Ai pris le Norden à destination de Rochdale et suis allé chez Ellen__annah, avec qui je suis allé à Radcliffe visiter les cousines Edith et Sarah. Alice a eu une assez bonne journée. De retour à Nowden vers 22 h 30.

23 février 1918 -- Suis allé à Rochdale le matin et aussi en après-midi avec papa et maman. Ne suis pas sorti de la soirée.

24 février 1918 -- Suis allé à Heywood en matinée. Ai dîné chez Jack Lindsay. Suis allé à l'école en après-midi. Ai pris le thé avec Jack Lindsay. Ai vu Jane Ellen. Suis allé à l'église en soirée. Ai vu Ada Bottomley. Suis rentré à 21 h.

25 février 1918 -- Harry et moi sommes allés à Manchester avec des cousins de Radcliffe. Ai vu Mme Hall, chez qui j'ai dîné, et suis ensuite allé à Miles Platting. Ai visité M. et MmeBurkhead et ai dîné et pris le thé avec eux. Suis ensuite allé du côté de Moss. Ai vu Will Holt. Parti de Manchester vers 20 h et arrivé à Norden vers 22 h.

26 février 1918 -- Suis resté à Norden et à Rochdale; ai envoyé quelques cadeaux à la maison.

27 février 1918 -- Ai passé la matinée et líaprès-midi à Rochdale. Ai pris le thé avec Nellie, maman et papa à Rochdale.

28 février 1918 -- Allé à pied à Heywood en matinée dire au revoir à plusieurs de mes amis avec Rex Tod. Jíai pris le thé avec Mary Boyd. Rentré à 18 h. Temps très orageux.

MARS 1918

1er mars 1918 --Ai passé toute la matinée à Rochdale. Ai envoyé quelques cadeaux à la maison. Ai fait prendre ma photo. Ne suis pas sorti de la soirée.

2 mars 1918 -- Pris le train de 10 h pour Manchester. Ai dîné en ville avec maman. Pris le train de 14 h pour Londres. Arrivé à Londres vers 19 h 30. N'ai pas quitté le Maple Leaf Club de la nuit. Ai pris le thé au Y.M.C.A. près de la gare Victoria. Ai envoyé mon ancien journal à la maison.

3 mars 1918 -- Parti de la gare Victoria vers 6 h à destination de Folkstone. Arrivé à Folkstone vers 9 h. Suis resté au camp de repos jusqu'à 15 h 30 et ai ensuite marché jusqu'au dock et suis monté à bord du «Onward». Arrivé à Boulange vers 18 h 30. Suis resté au camp de repos sur la colline jusqu'au matin.

4 mars 1918 -- Parti du camp de repos vers 6 h et ai pris le train. Arrivé à Béthune vers 16 h. Ai marché jusqu'à Neun Le Mines, une distance de 5 kilomètres, au secteur des chevaux. Ai obtenu un très bon logement avec le caporal J. Thackberry, Devon Mason et Boyce. Ai mangé des frites et des oeufs et suis rentré à notre logement, dans un lavoir équipé de couchettes et d'un petit poêle pour 2 francs la semaine.

5 mars 1918 -- Ai travaillé dans le secteur des chevaux à nettoyer le chariot et les avant-trains. Ne suis pas sorti de la nuit. Le matin, suis allé à pied à Sains-en-Gohelle chercher un nouveau masque à gaz. Ai vu là-bas quelques Américains.

6 mars 1918 -- Ai travaillé dans le secteur des chevaux à nettoyer les avant-trains. Après-midi de congé; suis allé à pied en ville, ai pris un petit dîner et suis rentré.

7 mars 1918 -- Occupé à entretenir les avant-trains et le secteur des chevaux. Suis allé à un concert en soirée.

8 mars 1918 -- Ai travaillé dans le secteur de l'unité et ai nettoyé les avant-trains. Il a fait très beau. Suis sorti en soirée.

9 mars 1918 -- Me suis occupé des avant-trains en matinée, suis allé en ville en après-midi. Affecté au piquet en soirée jusqu'à 22 h et me suis alors couché.

10 mars 1918 -- Dimanche. N'ai rien fait de la matinée. Après midi, suis allé sur la place écouter la fanfare. Le soir, suis allé à l'office. Le chanoine Scott a fait un sermon et il y a eu un concert après l'office. Ai entendu des membres de la fanfare chanter le «Glee» et «Comrade in Arms». Suis allé à mon cantonnement, ai mangé et me suis couché.

11 mars 1918 -- Ai commencé dans le quart du service de jour. Ai travaillé dans le secteur de l'unité. Suis allé à Hanichon à cheval prendre un bain dans la matinée. Ai reçu un assortiment flambant neuf de sous-vêtements dans le secteur de l'unité. Suis sorti en soirée.

12 mars 1918 -- Suis parti en matinée avec la batterie faire des manoeuvres à cheval. La chevauchée a été assez dure. Ai vu un bombardier allemand qui avait été descendu. Ai nettoyé les avant-trains en après-midi. Suis sorti en soirée.

13 mars 1918 -- Rassemblement des conscrits en matinée. Suis resté dans le secteur de l'unité le matin. L'après-midi, ai été vacciné contre la typhoïde. Me suis promené en ville en soirée et ai mangé des oeufs au dîner.

14 mars 1918 -- Suis resté couché toute la journée; me sentais plutôt mal à cause du vaccin. Suis sorti en soirée.

15 mars 1918 -- Ai passé la journée à nettoyer les avant-trains en vue de l'inspection. Ne suis pas sorti en soirée.

16 mars 1918 -- Le général Thacker nous a inspectés. La section de droite a obtenu la palme. Samedi après-midi de congé. Suis sorti en soirée. Des hommes de la 6e Batterie ont volé un harnais, mais ils l'ont rendu pendant la journée.

17 mars 1918 -- Suis allé à l'office derrière le QG divisionnaire. Le chanoine Scott a fait un sermon. Ai aussi reçu instruction d'aller relever l'artilleur Dobson auprès des pièces. Suis monté avec le chariot des vivres et suis arrivé vers 19 h. De garde de 22 h 30 à 1 h.

18 mars 1918 -- Me suis levé à 7 h. Ai

nettoyé la pièce et ai ensuite passé la journée à flâner. Suis allé porter un message à la brigade. Me suis couché à 21 h.

19 mars 1918 -- Ai nettoyé une pièce et travaillé dans le trou. Il a plu pendant la journée.

20 mars 1918 -- Ai nettoyé le trou et me suis occupé des pièces. Avons tiré 37 obus en exercice vers 6 h et quelques obus en après-midi. Avons aussi fait un exercice de tir à la mitrailleuse Lewis.

21 mars 1918 -- Nettoyé la pièce et tiré quelques obus en après-midi. Avons aussi tiré un tir de barrage d'obus à gaz. Me suis couché vers une heure du matin. Avons tiré 5000 obus à gaz contre les Frisés et exécuté un barrage roulant afin de leur infliger des pertes pendant qu'ils se mettaient à l'abri. Gaz Tétrol.

22 mars 1918 -- Me suis occupé de la pièce. Avons simplement tiré quelques obus contre une tranchée de mortiers allemands. Journée tranquille. Ai bien mangé pour dîner et me suis couché.

23 mars 1918 -- Reçu instruction de descendre au secteur des chevaux à Neun Le Mines. Toute la batterie a été relevée par la 51e Batterie de la 5e Division. Avons quitté la position vers 2 h et sommes arrivés au secteur des chevaux vers 16 h. Ai bu du thé et suis allé en ville. Ai dormi à l'étage de la maison d'une famille française avec Roy Foly, Wright et le caporal Thackery.

24 mars 1918 -- Les Frisés ont bombardé la ville vers 6 h; la famille française s'est vite mise à l'abri dans la cave. Réveil à 6 h. Ai poli la pièce et nettoyé les avant-trains en vue d'un déplacement. Un bombardier allemand a survolé la ville.

Suis allé à l'office, mais il n'y en avait pas. Suis allé à mon cantonnement et me suis couché tôt.

25 mars 1918 -- Exercice de tir à 1 h. Il fallait être en batterie à l'aube dans les positions situées près de l'église de Moroc en prévision d'une attaque des Frisés. Temps passé à creuser et à préparer la pièce mais étais de garde pendant la nuit; environ 800 obus ont été livrés pour la pièce. Position de Moroc.

26 mars 1918 -- Notre artillerie lourde a exécuté toute la nuit un bombardement intense parce qu'on croyait que les Frisés allaient attaquer. Avons quitté la position de pièces de Moroc vers 23 h et avons passé la nuit debout à préparer le déplacement.

27 mars 1918 -- Sommes partis de Neun Le Mines vers 6 h 15 et avons pris la route. Toute la 1re Brigade a passé la nuit à Ucq. Ai dormi toute la nuit dans un grand baraquement. Plutôt crevé parce que je n'ai pas beaucoup dormi depuis trois nuits.

28 mars 1918 -- Avons quitté Ucq vers 8 h. Toute la 1re Brigade d'artillerie se dirigeait vers la Somme mais a reçu l'ordre de faire demi-tour et nous nous sommes installés près d'Arras. Forte pluie toute la nuit. Ai dormi dans un baraquement. Avons croisé beaucoup de réfugiés, des femmes et des hommes âgés chassés d'Arras. Les femmes et les enfants transportent de très lourdes charges.

29 mars 1918 -- Réveil à 3 h. Avons quitté le secteur des chevaux à 5 h et avons mis en batterie de l'autre côté d'Arras dans un champ derrière une voie ferrée. Avons passé l'après-midi à creuser aux alentours de la pièce et avons déchargé des munitions pendant la nuit. Suis vanné. Me suis installé pour dormir dans une tranchée près du talus du chemin de fer à l'aide d'une bâche, de bouts de bois et de paille près d'Achicouri Arras.

30 mars 1918 -- Ai passé la matinée à m'occuper de la pièce. Avions allemands très actifs toute la matinée. Me la suis coulée douce en après-midi. Le soir, quelques soldats ont trouvé beaucoup de bouffe dans une maison. Ai bien mangé et me suis couché.

31 mars 1918 -- Ai très bien dormi et me suis levé à 8 h. Ai passé la journée à travailler à proximité du trou. Beaucoup à manger. Il a fait beau.

AVRIL 1918

1er mai 1918 -- Me suis levé vers 8 h, ai allumé le feu, fait du gruau et ai ensuite pris mon petit déjeuner. Ai passé la majeure partie de la matinée à flâner. Dans l'après-midi, nous avons tiré 30 obus contre notre objectif afin de déterminer les corrections. Ai dîné, ai été de garde quelque temps dans le trou; ai lu le journal et suis ensuite allé me coucher. Très fort bombardement toute la nuit d'un bout à l'autre du front.

2 mai 1918 -- Me suis levé vers 7 h 30; ai allumé le feu. Un de nos gars avait bouché le tuyau du poêle avec un chiffon et du caoutchouc; il a bien failli nous enfumer. Avons mangé des oeufs pour le petit déjeuner; ai passé la majeure partie de la journée à flâner. Me suis couché à 22 h. Fort bombardement toute la nuit au sud de notre position.

3 mai 1918 -- Me suis levé vers 7 h 30. Ai fait du gruau, nettoyé la pièce et passé toute la journée au soleil à lire et à dormir. Notre sous-section était de garde. Ai reçu de chez moi deux lettres et des journaux.

4 mai 1918 -- De garde aux fins des exercices de tir de minuit à 2 h et ensuite en cas d'attaque aux gaz. Me suis couché après et me suis levé à 8 h 30. Ai mangé au petit déjeuner du bacon, du blé en filaments et des pêches. N'ai rien fait jusqu'à 16 h. Nous avons eu l'ordre de relever la sous-section de la position avant. Avons déchargé et transporté des munitions jusqu'à 23 h. De garde pendant la nuit. Je croyais que les Frisés attaqueraient la crête de Vimy, mais ils ne l'ont jamais fait.

5 mai 1918 -- Me suis levé à 6 h pour nettoyer la pièce. Avons transporté des munitions et tiré presque toute la journée jusque vers 20 h. Les Frisés ont tiré un peu partout pendant l'après-midi. De garde.

6 mai 1918 -- Me suis levé vers 6 h pour décharger des obus du train léger. Ai mangé et me suis recouché jusqu'à midi. Passé tout l'après-midi à tirer et à transporter des munitions. De garde la majorité de la nuit; avons aussi tiré pendant la nuit.

7 mai 1918 -- Me suis levé à 6 h. Ai fait mon tour de garde et ai aussi nettoyé la pièce jusqu'à 8 h 30. Ai mangé et ai dormi jusqu'à midi. Passé la majeure partie de l'après-midi à tirer. Nuit très tranquille. La 51st Scots Division tenait le front.

8 mai 1918 -- Me suis levé à 8 h 30. Ai mangé, nettoyé la pièce et passé la majorité de la journée à fureter. Avons tiré et ai été de garde pendant la nuit.

9 mai 1918 -- Me suis levé à 4 h; avons tiré 50 obus à gaz. Nos avions ont bombardé les lignes allemandes en début de matinée. Me suis couché à 8 h. Me suis levé à l'heure du déjeuner. Ai transporté des obus pendant l'après-midi. De garde de 22 h à 2 h. Nous nous attendions à une attaque allemande.

10 mai 1918 -- Pas d'attaque. Me suis couché vers 2 h et me suis levé à 8 h 30 pour le petit déjeuner. Avons préparé des obus à gaz en vue du tir. Ai passé la majeure partie de l'après-midi à flâner. Me suis couché à 22 h.

11 mai 1918 -- Me suis levé à 5 h; avons tiré environ 75 obus contre les Frisés. Ai nettoyé la pièce, ai mangé vers 8 h 30 et me suis couché jusqu'à midi. Me suis occupé tout l'après-midi de la pièce en vue d'une inspection générale.

12 mai 1918 -- Me suis levé à 7 h, me suis lavé et rasé et ai mangé. Suis allé au trou du canon et ai nettoyé la pièce. Le général Thacker a inspecté la batterie. Ai passé la majeure partie de l'après-midi à flâner. Pendant la nuit, nous avons tiré quelques obus contre un groupe de travail allemand. Après le tir de notre trentième obus, les ressorts du canon se sont brisés; avons cessé le feu. Avons déchargé des obus du train.

13 mai 1918 -- Me suis levé à 4 h pour nettoyer la pièce après le tir. Ai mangé et me suis couché jusqu'à midi. Passé l'après-midi à flâner. Ai transporté quelques obus pendant la nuit. Les Frisés ont bombardé les alentours de la position la majeure partie de la nuit. Ai mangé des saucisses et des pêches au dîner et me suis couché.

14 mai 1918 -- Me suis levé à 8 h 30. Ai

nettoyé la pièce. Avons tiré environ 65 obus en après-midi. Étais de garde dans le trou pendant la nuit. Ai transporté des obus; ai mangé un peu pour dîner et suis allé me coucher.

15 mai 1918 -- Me suis levé à 8 h 30. Ai mangé et ai nettoyé les alentours de la pièce. De garde en après-midi. Pendant la nuit, avons tiré environ 75 obus contre différents objectifs. Les Frisés ont riposté en tirant contre notre position. Ai terminé mon service à minuit et suis allé me coucher.

16 mai 1918 -- Me suis levé à 4 h pour nettoyer la pièce. Ai travaillé aux alentours du trou jusqu'à 6 h et me suis couché jusqu'à 8 h 30; ai mangé et me suis recouché jusqu'à midi. Dans l'après-midi, nous avons commencé à arranger le trou du canon; l'avons fait jusqu'à 1 h en creusant et en traînant des rails lourds.

Les Frisés étaient très actifs sur notre droite; ils ont bombardé des batteries à l'aide de pièces de gros calibre. Ai entendu dire que deux hommes ont été tués.

17 mai 1918 -- Avons tiré 60 obus de minuit à 2 h contre des tranchées, des centres de commandement et des routes. Les Frisés ont bombardé une position d'artillerie derrière nous et des tranchées sur la droite. Il ont aussi bombardé notre position; notre abri a failli être touché de plein fouet et nous avons dû décamper. Ils ont tiré contre notre trou en après-midi et nous avons dû décamper encore une fois. Avons traîné des rails et des traverses de chemin de fer pour réparer le trou du canon. Bombardés encore une fois; avons dû ficher le camp. Avons tiré 50 obus de minuit à 2 h contre les Frisés.

18 mai 1918 -- Me suis couché vers 2 h 30.

Ai dû me lever à 3 h 30 pour décharger 400 obus arrivés par la voie étroite. Me suis recouché jusqu'à 8 h 30; ai mangé et me suis recouché jusqu'à l'heure du déjeuner; ai travaillé aux alentours du trou jusqu'à 17 h. Après, nous avons transporté des obus et des gargousses jusqu'à 23 h puis je suis allé me coucher.

19 mai 1918 -- Levé à 8 h 30. Ai travaillé aux alentours de la pièce; avons arrangé la position de la pièce numéro 5 et transporté des obus jusqu'à 23 h. Ai dormi jusqu'à 2 h 30 et ai pris mon tour de garde.

20 mai 1918 -- Levé à 2 h 30; de garde jusqu'à 5 h. Ai dû réparer la pièce, mais nous nous attendions à une attaque allemande pendant la matinée. Ai travaillé aux alentours du trou jusqu'à 17 h. Nous avions l'ordre de faire avancer notre pièce pendant la nuit. Nous avons amené notre pièce à une position avancée pour nous exercer au tir à vue. Ai dormi dans un abri aménagé dans une tranchée.

21 mai 1918 -- Levé à 5 h, de garde jusqu'à 7 h dans la position; ai pris mon petit déjeuner à 8 h. Avons commencé à tirer vers 10 h 30; avons tiré 100 obus toute la matinée et tout l'après-midi contre différents objectifs. Pendant la nuit, nous nous sommes retirés le long de la route et nous sommes réinstallés dans de vieux trous à canon. Les Frisés tiraient autour de nous; il y a aussi eu une grande bagarre au sud.

22 mai 1918 -- Me suis levé à 5 h, ai mangé du poisson en conserve et du pain à 9 h. Avons arrangé le trou toute la matinée et avons commencé à tirer en après-midi. Pendant le tir, les gargousses se sont enflammées et ont mis feu au trou. Avons éteint le feu avec du sable. Avons tiré 104 obus et sommes allés à la position avant, près de la voie ferrée. Étais de garde; avons déchargé 500 coups.

23 mai 1918 -- Me suis levé à 5 h pour prendre mon tour de garde; me suis recouché jusqu'au petit déjeuner. Avons fait des tirs de détermination des corrections toute la matinée; l'après-midi, avons emballé le matériel afin de nous préparer à être relevés par la 5e Division. Avons été relevés; avons fait sortir la pièce de batterie à 21 h et sommes allés au secteur des chevaux à Anzin. Ai dormi dans un baraquement en demi-cercle; les carreaux étaient tous cassés, mais j'ai dormi très profondément.

24 mai 1918 -- Me suis levé à 7 h, ai mangé et ai mis de l'ordre en vue d'un rassemblement. Ai nettoyé les avant-trains en vue de l'école de la pièce. Sortie de batterie à minuit. Très forte pluie toute la journée; nuit un peu humide.

25 mai 1918 -- Arrivés à Vandelcourt à 5 h 30. Avons installé les chevaux près d'une ferme; avons pansé les chevaux et leur avons donné de l'eau. Ai mangé à 7 h et ai ensuite dormi près d'un tas de fumier dans une vieille grange jusqu'à 11 h. Ai travaillé dans le secteur toute la journée. Ai passé la nuit sous une tente.

26 mai 1918 -- Me suis levé à 6 h. Me suis occupé de la pièce et des avant-trains jusqu'à 9 h. Le colonel nous a inspectés et nous avons eu un service religieux pendant la matinée et l'après-midi. Pendant la nuit, ai flâné dans les champs; ai acheté des oeufs et les ai fait bouillir. Ai mangé un peu pour dîner et me suis couché.

27 mai 1918 -- Me suis levé à 6 h, ai nettoyé la pièce et ai pris mon petit déjeuner. Pendant la journée, nous sommes allés près de Bouning Nord régimer nos pièces. Chacune a tiré de 2 à 5 obus. Nous pouvions voir les obus quitter l'âme et éclater dans le talus. Sommes rentrés à 19 h. Le trajet a été très long.

28 mai 1918 -- Me suis levé à 6 h. Ai nettoyé la pièce jusqu'au petit déjeuner. Rassemblement à 9 h pour faire de l'exercice physique et l'école de la pièce jusqu'au déjeuner. Ai nettoyé les avant-trains en vue d'une inspection générale pendant l'après-midi. En soirée, ai mangé des oeufs et suis allé à pied au Y.M.C.A. La campagne était belle.

29 mai 1918 -- Me suis levé à 6 h. Me suis occupé de la pièce dans le parc jusqu'au petit déjeuner. Rassemblement à 9 h. Après le rassemblement, nous avons fait de l'exercice physique et nettoyé les avant-trains des pièces jusqu'à l'heure du déjeuner. L'après-midi, avons nettoyé les avant-trains jusqu'à l'heure du dîner.

30 mai 1918 -- Occupé à réparer et à nettoyer la pièce et les avant-trains toute la journée en vue d'une inspection.

31 mai 1918 -- Réveil à 4 h 45. Avons vu aux derniers détails concernant la pièce et les avant-trains. La brigade a défilé jusqu'à un champ de grande étendue et a été inspectée par le général Curry et d'autres officiers de la division. Il était très heureux de notre apparence.

JUIN 1918

1er juin 1918 -- Me suis levé à 6 h. Me suis occupé de la pièce jusqu'au petit déjeuner. Ai mangé, ai astiqué mes boutons et me suis lavé et rasé en vue de l'inspection du major. Après le rassemblement, nous avons eu un cours de tir au fusil jusqu'à 11 h. En après-midi, la brigade a pris part à des activités sportives dans un champ tout proche. En soirée, suis allé à pied au Y.M.C.A. et me suis couché.

2 juin 1918 -- Me suis levé à 6 h. Me suis occupé de la pièce jusqu'au petit déjeuner. Ai nettoyé et astiqué les boutons en vue d'une inspection par le colonel O. B. Piery, de la brigade, qui nous a inspectés avant l'office. Suis allé à l'office et ai travaillé à l'écurie. Me suis reposé en après-midi et pendant la soirée.

3 juin 1918 -- Réveil à 6 h. Me suis occupé de la pièce et des avant-trains jusqu'au petit déjeuner. Après le petit déjeuner, exercices de tir au fusil et école de la pièce jusqu'à l'heure du déjeuner. Autres exercices de tir au fusil en après-midi. En soirée, ai flâné un peu et suis allé à pied au Y.M.C.A.

4 juin 1918 -- Réveil à 6 h. Me suis occupé de la pièce jusqu'au petit déjeuner. Rassemblement à 9 h suivi d'exercices de tir au fusil. En après-midi, avons marché au pas jusqu'au champ de tir et nous sommes exercés à tirer à 200 verges. Avons tiré 25 coups et sommes ensuite retournés au secteur des chevaux. Ai dîné et me suis couché.

5 juin 1918 -- Réveil à 4 h 45. La batterie a quitté le secteur des chevaux pour des manoeuvres d'une durée de 48 heures derrière la zone de danger. Nous avons passé la journée à mettre en batterie et à manoeuvrer. Nous sommes installés dans un champ et avons dormi sous l'avant-train de la pièce pendant la nuit, qui a été très fraîche.

6 juin 1918 -- Réveil à 4 h 45. Me suis occupé de la pièce jusqu'au petit déjeuner. Avons mis la pièce en batterie jusqu'à l'heure du déjeuner et sommes sortis de batterie à 13 h. Avons mis la pièce en batterie en fin d'après-midi jusqu'à 18 h 30. Sommes alors sortis de batterie et sommes retournés à nos lignes originales. Le tout était grotesque; les officiers ne connaissent pas leur travail.

7 juin 1918 -- Me suis levé à 6 h; me suis occupé de la pièce. Après le rassemblement, nous avons fait de l'exercice physique et l'école de la pièce jusqu'à l'heure du déjeuner. Dans l'après-midi, me suis occupé de la pièce et des avant-trains. Suis allé à pied au Y.M.C.A. en soirée.

8 juin 1918 -- Ai travaillé dans le secteur de l'unité et fait des exercices de tir au fusil en matinée et en après-midi. En soirée, suis allé à pied à la cantine du Y.M.C.A.

9 juin 1918 -- Réveil à 6 h. Ai nettoyé la pièce et l'avant-train jusqu'à l'heure du déjeuner. En après-midi, nous avons été libres jusqu'à 16 h. Ai passé la nuit aux alentours de la tente. Les Frisés ont bombardé le secteur.

10 juin 1918 -- Réveil à 4 h. Occupé à réparer la pièce et les avant-trains en vue de manoeuvres de batterie à la campagne. Avons quitté le stationnement et sommes allés à Tincques. Nous sommes exercés toute la journée à mettre en batterie et à sortir de batterie. De retour dans le secteur de l'unité vers 18 h. Très bonne journée.

11 juin 1918 -- Réveil à 5 h. Ai nettoyé la pièce jusqu'au petit déjeuner. Après le petit déjeuner, nous avons repris la route pour des manoeuvres de batterie en vue d'une grande bagarre qui devrait avoir lieu dans quelques semaines. Avons passé une très bonne journée et il a vraiment fait beau.

12 juin 1918 -- Réveil à 6 h. Me suis occupé de la pièce et des avant-trains jusqu'à l'heure du déjeuner. En après-midi, les exercices ont été remplacés par les activités sportives de la brigade. En soirée, ai dû garder la pièce et les avant-trains.

13 juin 1918 -- De garde pendant le jour; ai été relevé à 18 h. Suis allé en soirée au Y.M.C.A.et ai mangé des oeufs et des frites.

14 juin 1918 -- Réveil à 6 h. Ai nettoyé la pièce après le petit déjeuner. Avons eu une inspection et avons fait du pointage toute la journée. Suis allé à pied au Y.M.C.A. en soirée.

15 juin 1918 -- Me suis toute la journée occupé de la pièce. Avons eu du très beau temps pendant que nous étions en repos. Le seul problème a été de trouver à manger. Il n'y avait pas beaucoup de bouffe et nous serions affamés sans les colis qu'on nous envoie du pays et la cantine du Y.M.C.A.

16 juin 1918 -- Ai travaillé toute la journée à pointer et à nettoyer la pièce. En soirée, suis allé au Y.M.C.A. Ai reçu deux colis.

17 juin 1918 -- Avons fait un peu l'école de la pièce; occupé aussi à nettoyer le secteur de l'unité et à y travailler. En après-midi, je suis allé à la division voir un spectacle dans un champ près de Tincques. C'était quelque chose de voir les fanfares et les gars qui couraient.

18 juin 1918 -- Réveil à 5 h. Avons tout préparé en vue des manoeuvres. Avons quitté le secteur des chevaux vers 8 h et sommes allés à la campagne pour des manoeuvres de batterie qui ont duré toute la journée. De retour au secteur des chevaux vers 18 h.

19 juin 1918 -- Ai travaillé toute la journée dans le secteur de l'unité à nettoyer la pièce et les avant-trains. En soirée, avons amené la pièce à la section du matériel pour qu'elle soit révisée dans un village appelé Savuy. Ai passé la nuit dans une vieille grange.

20 juin 1918 -- Me suis levé à 7 h. Ai pris

un bon petit déjeuner. Suis allé à l'atelier et ai aidé l'armurier à démonter la pièce jusqu'à 17 h 30. Avons vraiment été bien nourris.

21 juin 1918 -- Debout à 7 h. Ai de nouveau travaillé à l'atelier à réviser la pièce. Avons fini avant la nuit. Avons très bien mangé au déjeuner et au souper.

22 juin 1918 -- Debout à 7 h. Après le petit déjeuner, suis allé à l'atelier et ai attendu que les équipes sortent les pièces. Arrivé au stationnement vers 22 h 30. Après-midi consacré à la pièce, de garde pendant la nuit.

23 juin 1918 -- De garde toute la journée au parc d'artillerie. Journée assez monotone. Suis allé à pied au Y.M.C.A., à Berles, en soirée.

24 juin 1918 -- Réveil à 6 h. Me suis occupé de la pièce jusqu'au petit déjeuner.

Dans la matinée et en après-midi, pointage de la pièce au parc. En soirée, suis allé à pied au Y.M.C.A.

25 juin 1918 -- Réveil à 6 h. Pendant la journée, quelques-uns d'entre nous avons fait du pointage. En soirée, suis allé à pied à Savvy.

26 juin 1918 -- Réveil à 6 h. Avons quitté le secteur des chevaux à 8 h 30 pour des manoeuvres en campagne portant sur la coopération entre un avion et la batterie. Pendant l'après-midi, on a pris notre photo. En soirée, suis allé à pied à Aubigny assister au concert de la division avec Stocks et Grims.

27 juin 1918 -- Ai travaillé toute la journée au parc d'artillerie. En soirée, suis allé à un concert à Aubigny dans un chariot du S.G. avec un groupe de membres de la batterie.

28 juin 1918 -- Ai travaillé toute la journée au parc d'artillerie. Journée très tranquille. Pendant la nuit, les Frisés ont largué quelques bombes assez proche.

29 juin 1918 -- Ai travaillé presque toute la journée au parc d'artillerie. Beaucoup des gars ont la diarrhée. Les Allemands l'ont eux aussi. Bombardement allemand.

30 juin 1918 -- Ai travaillé tout la journée dans le secteur de l'unité. En soirée, suis allé à Lincques à pied.

JUILLET 1918

1er juillet 1918 -- Réveil à 6 h. Ai travaillé à l'écurie. Après le petit déjeuner, Roy Foley et moi sommes allés à pied à Lincques assister aux activités sportives du Corps canadien. Le premier ministre Borden, le duc de Connaught et M. Rowell étaient présents, de même que les généraux canadiens. Il devait y avoir 30 000 Canadiens. C'était un grand jour à tous les points de vue et la 1re Division s'est classée première avec 101 points.

2 juillet 1918 -- Ai travaillé toute la journée à proximité de la pièce et à l'écurie. Journée très tranquille.

3 juillet 1918 -- Réveil à 6 h. Sommes allés en manoeuvres à la campagne. Un de nos avions a travaillé avec nous pendant la journée et a pris des photos des pièces camouflées. Sommes revenus dans notre secteur vers 16 h 30.

4 juillet 1918 -- Pas fait grand-chose de la journée. Nous sommes occupés des pièces et des avant-trains. Ai marché jusqu'à Lincques en soirée.

5 juillet 1918 -- Ai travaillé au parc d'artillerie. Après le petit déjeuner, nous nous sommes exercés à mettre le masque à gaz et à saluer. Le reste de la journée, nous avons fait des exercices de pointage.

6 juillet 1918 -- Ai passé la matinée au parc à nettoyer la pièce et l'avant-train. Après le déjeuner, défilé des drapeaux. Suis allé à pied au Y.M.C.A.

7 juillet 1918 -- Nous avons eu un service religieux en matinée. Toutes les batteries de la 1re brigade étaient présentes. Congé en après-midi. Après le dîner, suis allé à pied à Lincque et ai rencontré Jimmy Scott de Cobourg, qui allait à Boulonge.

8 juillet 1918 -- Ai travaillé presque toute

la journée dans le secteur de l'unité. Journée très facile.

9 juillet 1918 -- Occupé dans le secteur de l'unité à pointer la pièce et à nettoyer les avant-trains. Journée très facile.

10 juillet 1918 -- Occupé dans le secteur de l'unité à pointer et à nettoyer la pièce.

11 juillet 1918 -- En manoeuvres avec l'infanterie et des mortiers de tranchée. En batterie une fois. Ai vu l'infanterie mettre en place des écrans de fumée. De retour dans le secteur de l'unité vers 2 h.

12 juillet 1918 -- Occupé toute la journée dans le secteur des chevaux et à proximité de la pièce. Journée assez tranquille et très facile.

13 juillet 1918 -- Avons simplement tué le temps presque toute la journée à travailler à proximité de la pièce et des avant-trains.

Suis allé à Savoy en soirée avec les gars d'une sous-section. Nous sommes arrêtés à une cuisine française, avons mangé des oeufs et de la salade. Avons vu sur la route une flotte de centaines de camions neufs qui venaient d'arriver d'Angleterre et qui étaient affectés au Corps canadien.

14 juillet 1918 -- Réveil à 4 h 30. Me suis levé et avons chargé les avant-trains en vue d'un déplacement. L'infanterie et l'artillerie de la 1re Division sont retournées en ligne. Avons de nouveau occupé le front d'Arris. Nous sommes installés à Anzin et avons établi le secteur des chevaux dans le champ. La section gauche s'est mise en batterie.

15 juillet 1918 -- Réveil à 6 h. Me suis toute la matinée occupé de la pièce. Dans l'après-midi, avons emballé le matériel afin de nous mettre en batterie dans le secteur gauche des chevaux vers 16 h.

Avons relevé une batterie impériale derrière la voie ferrée sur le front gauche d'Arris. Blangy est le pire endroit. De garde pendant la nuit.

16 juillet 1918 -- Me suis levé à 4 h pour prendre mon tour de garde sur le dessus du talus de la voie ferrée. Il a plu et tonné en matinée. Les Frisés ont bombardé le secteur qui est devant nous. Pendant la journée, nous avons fait la détermination des corrections et fait notre tour de veille aérienne.

17 juillet 1918 -- Me suis levé à 9 h et ai pris mon petit déjeuner; ai flâné la majeure partie de la journée. Les gars sont allés en grand nombre se baigner dans la Scarpe. Les Frisés ont été très actifs et nous ont bombardés. Me suis blessé à la cheville en voulant me mettre à l'abri quand un obus a éclaté. Me suis couché à 21 h.

18 juillet 1918 -- Me suis levé à 3 h 30 à cause d'un branle-bas de combat. Nous croyions que les Frisés allaient venir, mais ils ont oublié de le faire. Étions de garde dans le trou du canon pendant la journée. Notre artillerie lourde, à l'arrière, a pilonné les Boches toute la journée et toute la nuit. Me suis couché vers 22 h. Nous couchions dans un grand abri creusé dans le talus de la voie ferrée.

19 juillet 1918 -- Me suis levé à 9 h. Ai nettoyé les environs du canon et ai été de garde dans le trou dans l'après-midi. Avons fait la détermination des corrections de notre pièce à l'aide de la fusée 101 jusque vers 17 h. Les Frisés ont répliqué en tirant des obus de 5,9 mais sans faire de dégâts. Notre sous-section était de garde pendant la nuit.

20 juillet 1918 -- Me suis levé à 3 h pour prendre mon tour de garde. Me suis installé sur le dessus du talus de la voie ferrée, d'où j'avais une vue splendide de la crête de Monchy, la partie du front tenue par les Boches. Ai vu des mortiers de tranchée se tirer mutuellement dessus. Pendant la journée, les Frisés ont été très tranquilles. Du courrier est arrivé du Canada pendant la nuit.

21 juillet 1918 -- Me suis levé à 8 h 30. Ai pris mon petit déjeuner et suis allé au trou pour mettre de l'ordre. Ai flâné la majeure partie de la journée. Pendant la nuit, suis allé à la route à la rencontre du chariot de vivres. Les Frisés ont terriblement arrosé les routes d'obus explosifs et d'obus à balles.

22 juillet 1918 -- Me suis levé à 8 h 30. Ai flâné la majeure partie de la journée. Il ne s'est pas passé grand-chose. Tout a été très tranquille. Ai reçu un colis du pays, mais son contenu s'était gâté.

23 juillet 1918 -- Pas grand-chose à faire de la journée. Pendant l'après-midi, la section de gauche a été relevée et a pris les pièces en charge à Ashcourt. De garde pendant la nuit.

24 juillet 1918 -- Me suis levé à 5 h en vue des exercices de tir. Avons reçu l'ordre d'emballer notre matériel et de nous préparer à partir. Avons quitté la position arrière à Blanchy à 21 h 30 et sommes passés par Arras. Arras n'est vraiment pas belle à voir. Tous les beaux bâtiments sont démolis; la ville semble avoir été un endroit très bien avant la guerre. Sommes arrivés à la position d'Ashcourt vers minuit.

25 juillet 1918 -- Me suis levé à 8 h 30. Ai pris mon petit déjeuner, me suis lavé et suis monté au trou de la pièce. Je ne crois pas avoir jamais vu de position mieux dissimulée. Pendant la matinée, ai nettoyé la pièce et fait quelques travaux ici et là. Pendant la nuit, notre sous-section était de garde et les Frisés ont commencé à tirer des obus à gaz et des obus explosifs en abondance un peu partout. Pas de pertes.

26 juillet 1918 -- Me suis levé à 8 h 30. Ai pris un bon petit déjeuner fait de bacon et de gruau. Le colonel est venu jeter un coup d'ocil à la position. Les Frisés ont très fortement bombardé notre gauche pendant l'après-midi. Pendant la nuit, notre infanterie a exécuté avec succès un raid avec l'aide de l'artillerie, vers 21 h. Très forte pluie; tout est trempé.

27 juillet 1918 -- Me suis levé à 8 h 30. Ai mangé, suis allé au trou et ai réparé diverses choses. Il a plu presque toute la journée et la tranchée était très boueuse et très glissante. Pendant la nuit, nous avons exécuté un petit tir de barrage pour appuyer un raid de la 1re Brigade devant nous. Je crois que le tout a très bien réussi. De garde à 3 h.

28 juillet 1918 -- Me suis couché vers 5 h 30 après mon tour de garde. Le front était très tranquille après le raid. Me suis levé et, après le petit déjeuner, ai nettoyé la pièce. Pendant l'après-midi, l'aumônier est venu et nous avons eu un beau service dans le trou de notre pièce. Les gars ont aimé l'office. Avons transporté des munitions pendant la nuit.

29 juillet 1918 -- Journée très tranquille. L'artillerie n'a presque pas tiré de la journée. Pendant l'après-midi, avons tiré quelques obus contre notre point de régimage. De garde pendant la nuit.

30 juillet 1918 -- Me suis levé à minuit pour prendre mon tour de garde en vue des exercices de tir. Tout est très tranquille. Les Frisés n'ont presque pas bougé. Pendant la journée, nous la sommes coulée très douce.

31 juillet 1918 -- Me suis levé à 8 h 30. Ai pris mon petit déjeuner. Avertis pendant la journée que nous serions relevés et avons reçu instruction de faire sortir les pièces de batterie. La division doit prendre le train pour aller quelque part. Pendant l'après-midi, avons fait un peu de détermination des corrections. Pendant la nuit, j'avais le premier tour de garde; c'était une nuit idéale pour regarder les feux que différents appareils utilisent pendant les bombardements.

AOUT 1918

1er août 1918 -- Avons été avertis d'emballer le matériel et de faire sortir les pièces de batterie. Avons été relevés par une batterie impériale à 21 h et pendant la nuit. Sommes arrivés au secteur des chevaux à Burnville vers minuit. Avons aussitôt pris le chemin de Sammiens. Sommes arrivés à Magnicourt vers 6 h.

2 août 1918 -- Arrivés à Magnicourt à 6 h. Avons détaché les pièces et mangé et nous sommes ensuite couchés jusqu'à midi. Il a plu toute la journée. Avons dormi encore un peu en après-midi. Avons dîné et nous sommes ensuite couchés jusqu'à 1 h la nuit suivante.

3 août 1918 -- Sommes partis prendre le train. Avons quitté le secteur des chevaux de Magnicourt à 3 h 30 et sommes montés dans le train à Benin Sef-O'Shell; les chevaux et les pièces étaient installés dans les wagons. Sommes arrivés de l'autre côté d'Amiens vers 21 h le même soir. Avons marché de nuit et sommes arrivés dans un grand fourré où nous avons établi le secteur des chevaux vers 6 h le dimanche matin.

4 août 1918 -- Tout le Corps canadien s'est installé dans la grande forêt et dans les fourrés. Me suis couché et me suis levé vers 16 h. Les conducteurs ont commencé à charger des munitions pendant la nuit. Beaucoup de circulation sur la route pendant la nuit.

5 août 1918 -- Me suis levé à 6 h. Ai travaillé dans le secteur des chevaux et ai préparé la pièce pour monter en ligne pendant la nuit. Beaucoup de chars sont montés en ligne, du plus gros au plus petit. Nos conducteurs ont recommencé à transporter des munitions et ils ont circulé toute la nuit ou presque.

6 août 1918 -- Me suis levé à 6 h; ai travaillé dans le secteur de l'unité. Ai rencontré Young, Judd et Jarvis en matinée. Suis monté à la position de la pièce avec le caporal Thackery. Des canons, des chars, tout ce qui est relié à la guerre montait en une chaîne sans fin. Ai aidé à décharger les chevaux de somme. Pendant la nuit, les Frisés ont pilonné les routes. Jack et moi avons passé la nuit sous un char.

7 août 1918 -- Ai fait toute la journée l'entretien de la pièce. Pendant la nuit, le reste de l'équipe de pièce est venu. Cinq d'entre nous avons dormi toute la nuit à découvert sous un char. Vers minuit, les Frisés ont commencé un bombardement plutôt intense; un obus est tombé près de l'endroit où nous dormions et nous avons tous été touchés. Foley, Ailes Johnson et

Wright sont allés à l'arrière. Comme mes blessures étaient légères, je suis resté.

8 août 1918 -- Un tir de barrage a commencé vers 4 h 20; il s'est terminé à 6 h. Nos gars sont passés à l'assaut et ont fait fuir les Frisés. Nous les avons suivis en traversant le no man's land. Ai vu les morts et les blessés. Nous devons avoir parcouru 8 milles avant de nous installer pour la nuit. Je suis plutôt vanné. Cashy.

9 août 1918 -- Me suis levé à 7 h, me suis lavé et rasé. Après le petit déjeuner, notre infanterie a attaqué une autre fois mais elle a été retenue dans un village et aux environs d'un verger. Les chars ont attaqué et délogé encore une fois les Boches. Nous nous sommes installés dans le verger et avons tiré quelques obus, avons avancé encore et nous sommes mis en batterie derrière un grand buisson. Nous avons tiré quelques obus puis avons arrêté. C'était très bien de voir la cavalerie et l'artillerie montée filer çà et là.

10 août 1918 -- Me suis levé à 6 h 30 à cause d'un branle-bas de combat pour tirer quelques obus et quelques salves. Aidée par les chars, l'infanterie a encore obligé les Boches à se déplacer. Le contingent canadien a été relevé par la 26e Division B & F, qui n'a pas laissé les Frisés s'arrêter. Nous avons reçu l'ordre de nous reposer quelques heures. La circulation a continué toute la journée vers l'avant. Pendant la nuit, les Frisés ont bombardé le secteur des véhicules et des chevaux.

11 août 1918 -- Ai dormi sous les avant-trains. Me suis levé à 7 h et ai flâné toute la journée. Les Frisés ont encore reculé pendant la journée. Pendant la nuit, ils ont repris le bombardement. Je me suis creusé un trou pour dormir à l'abri des éclats. J'ai passé une bonne nuit.

12 août 1918 -- Ai dormi dans un trou que je me suis creusé pour me protéger des bombardements allemands. L'artillerie et l'infanterie de la 12e Division ont encore passé la journée en réserve. Les Frisés ont encore bombardé notre position pendant la nuit.

13 août 1918 -- Me suis levé à 7 h. Ai flâné la majeure partie de la journée. Ai vu cinq avions boches descendre un des nôtres pendant l'après-midi; l'un des leurs a été descendu. Pendant la nuit, plusieurs gars sont montés avec des munitions. Percy Hinds, qui fait partie de notre équipe de pièce, y est allé aussi et il a été blessé. Encore un bombardement allemand.

14 août 1918 -- Ai flâné presque toute la journée. L'intensité de l'attaque a beaucoup diminué. Quelques duels d'artillerie occasionnels. Pendant la nuit, les obus allemands sont venus très près et la vie est devenue beaucoup moins agréable. Les Frisés ont dans la journée descendu un de nos avions.

15 août 1918 -- Me suis levé à 7 h. Les Frisés ont commencé à tirer ici et là avec une pièce navale très rapide. Ils ont tué ou blessé beaucoup de fantassins pendant la journée, de même que certains de nos mulets. Nous avons eu la frousse presque toute la journée. Pendant la nuit, l'ennemi a bombardé l'avant. Pendant le bombardement, le 10e Bataillon, directement devant nous, a subi 100 pertes.

16 août 1918 -- Me suis levé à 7 h. Ai flâné la majeure partie de la matinée. Avons quitté la position devant Foley et nous sommes déplacés sur notre droite. Sommes restés là environ une heure et avons eu l'ordre d'avancer encore une fois d'environ deux milles jusqu'aux anciennes lignes allemandes de 1915. L'odeur n'était pas très bonne avec tous les hommes et les chevaux morts aux environs de Parveillers.

17 août 1918 -- Me suis levé vers 4 h 30; avons tiré quelques obus. Les Frisés ont riposté avec leurs petites armes et des pièces navales de 4,2. Personne n'a été touché. Avons tiré quelques obus contre l'ennemi pendant la journée et pendant la nuit. Parveillers.

18 août 1918 -- Nous sommes encore une fois déplacés à 4 h 30 seulement quelques verges derrière les pièces avant. Nous sommes installés dans un abri allemand et avons trouvé un puits. Avons flâné et avons tiré quelques obus pour malmener les Frisés. Pendant la nuit, les pièces de 18 livres ont exécuté un tir de barrage incroyable.

19 août 1918 -- Me suis levé à 7 h. Ai dormi toute la nuit dans un trou. Avons tiré quelques obus pendant la journée; nous avons aussi approfondi le trou de notre pièce pour l'abaisser. L'artillerie lourde et les pièces de 18 livres ont toute la journée infligé toute une raclée aux Frisés. Pendant la nuit, l'ennemi a tiré des obus de gros calibre un peu partout. Je pense que personne n'a été touché.

20 août 1918 -- Me suis levé vers 7 h. Pendant la journée, nous avons tiré environ 200 obus par pièce. Pendant la nuit, des soldats français ont relevé l'infanterie. Les Frisés ont aussi bombardé l'arrière. Ai assez bien dormi dans ma planque. Nous sommes déplacés à Cayuix.

21 août 1918 -- L'artillerie française s'était avancée pendant la nuit et nous avions l'ordre de partir. Nous sommes partis vers 21 h 30 et les Frisés ont salué notre départ de quelques obus. Nous avons été sur la route jusqu'à 2 h, après quoi nous nous sommes installés dans des buissons qui étaient proches et nous sommes reposés jusqu'au lendemain. Bois Boyette.

22 août 1918 -- Me suis levé à 8 h. Ai mangé, me suis lavé et ai mis de l'ordre. Avons eu en gros une journée assez facile. Le soir, nous sommes partis à 21 h et nous avons circulé sur les routes jusque vers 10 h. Nous nous sommes installés près d'une ville appelée Domart. Tous les villages où nous sommes passés étaient totalement en ruines.

23 août 1918 -- Avons flâné toute la journée à Domart. Sommes partis en soirée et avons passé la nuit dans le bois Boyette.

24 août 1918 -- Avons passé la journée

dans le bois Boyette. Journée assez facile. Avons dormi toute la nuit à la belle étoile. Avons beaucoup de mal à obtenir de l'eau par ici.

25 août 1918 -- Avons passé la journée dans le bois. Sommes partis en soirée et la brigade a marché jusqu'au point d'embarquement, proche de la voie principale d'Amiens. Pendant la marche, nous avons eu un orage et une assez forte pluie. Avons dormi toute la nuit sous la tente. Entrée de Prouzel.

26 août 1918 -- Me suis levé à 8 h et ai flâné jusqu'en après-midi. Nous avons commencé à charger les pièces, les avant-trains et les chevaux à 7 h sur la voie de garage. Sommes partis vers 22 h. Les Frisés ont bombardé la voie ferrée; ils n'ont absolument rien touché, mais leurs obus tombaient tout près. Tout semblait sauter dans les airs.

27 août 1918 -- Après avoir voyagé toute la nuit, nous sommes arrivés à Tincques et sommes restés environ deux heures dans un champ pour faire manger les chevaux et les troupes. Avons repris la route pour Dainville. Sommes arrivés là vers 17 h. Avons monté les tentes et avons passé une assez bonne nuit.

28 août 1918 -- Sommes partis de Dainville et la 1re Division est encore une fois entrée en action à droite d'Arras. Avons mis nos pièces en batterie et avons franchi le terrain que la 2e Division a pris aux Allemands. Ai creusé un trou dans le sol; ai assez bien dormi. Neville St Vaast.

29 août 1918 -- Me suis levé à 8 h. Ai mangé, me suis occupé de la pièce et ai préparé le matériel destiné à la ferraille. Des munitions sont arrivées pendant la nuit et les Frisés ont tiré près de l'endroit où nous dormions. Un obus est tombé près du bivouac et la secousse a éteint la bougie. Cherisy.

30 août 1918 -- Me suis levé à 4 h et le tir de barrage a commencé vers 4 h 30. Avons tiré un certain nombre d'obus fumigènes pour protéger les chars et l'infanterie. Notre infanterie a avancé de 1600 verges et a fait plusieurs prisonniers. Avons tiré plusieurs obus pendant la journée. Les Frisés ont riposté en tirant quelques obus et ont blessé quatre des membres de la 2e Division qui est devant nous. M Wancourt.

31 août 1918 -- Me suis levé en vue d'un exercice de tir vers 4 h 30. Les Frisés ont contre-attaqué, mais ils ont été repoussés. Avons fait quelques prisonniers. Tirs occasionnels pendant la journée. Nos conducteurs apportent des munitions à l'avant en vue d'une autre grande bagarre.

SEPTEMBRE 1918

1er septembre 1918 -- Me suis levé à 4 h 30 pour exécuter un bombardement. L'infanterie est montée à l'assaut pour redresser la ligne. Les fantassins ont atteint leur objectif et fait plusieurs prisonniers. Avons encore fait avancer nos pièces et nous sommes préparés en vue d'une autre bataille. Avons dormi à l'extérieur; il a fait très froid. Avons dû nous lever à cause d'un bombardement allemand tout proche. Nid de pie de Neu Fontaine.

2 septembre 1918 -- Le bombardement a commencé vers 4 h 30. L'infanterie est montée à l'assaut et a pris tous ses objectifs; elle a aussi fait plusieurs prisonniers. Avons avancé d'environ deux milles. Ai vu quatre avions se faire descendre; trois d'entre eux étaient en flammes et les hommes ont dû sauter avant que l'avion touche le sol. ai vu plusieurs Boches morts gisant sur le sol. Deux de nos ballons se sont abattus en flammes. Ai passé toute la nuit dans un trou.

3 septembre 1918 -- Avons tiré beaucoup pendant la matinée. En après-midi, notre 4eBataillon est monté à l'assaut et notre brigade a avancé. Avons dû nous déplacer à toute allure, car nous étions entièrement à la vue de l'ennemi. Avons pris position dans un verger près de Bruissy. Ai passé la nuit dans un abri. Beaucoup de Boches morts tout autour. Très intense bombardement allemand autour du village.

4 septembre 1918 -- Avons tiré beaucoup pendant la matinée. Les Frisés ont riposté très fortement derrière nous à l'aide d'obus de gros calibre pendant toute la nuit. Le reste de la batterie est entré en action et les pièces de 18 livres ont bombardé les Boches toute la nuit.

5 septembre 1918 -- Me suis levé à 8 h. Ai eu une journée très facile. Nous sommes préparés en vue d'une autre bagarre. Ai vu un avion allemand se faire descendre. Des munitions sont arrivées pendant la nuit et, en soirée, nous avons eu un concert au mess des officiers. Les officiers ont donné un bon spectacle et tout le monde a aimé le récital de piano. Les Boches avaient laissé un piano derrière et nous l'avons pris pour nous.

6 septembre 1918 -- Les Frisés ont eu une journée très occupée à bombarder la zone du village à l'aide d'artillerie lourde; ils cherchaient une batterie de pièces de 60 livres. Pendant l'après-midi, nous avons tiré plus de 300 obus contre une de leurs batteries. Pendant la nuit, nous nous sommes déplacés. L'ennemi a bombardé les routes de même que notre secteur des chevaux; il en a tué plusieurs. Avons quitté le front et sommes allés à Dainville. L'ennemi a aussi bombardé la 2e Brigade.

7 septembre 1918 -- Sommes arrivés à Dainville vers 6 h. Ai flâné presque toute la journée.

8 septembre 1918 -- Nous sommes reposés à Dainville.

9 septembre 1918 -- Nous sommes reposés à Dainville, derrière Arras.

10 septembre 1918 -- Nous sommes reposés à Dainville. Il a plu toute la journée.

11 septembre 1918 -- Sommes allés de Dainville à Petewaun via Varnt St. Elor pour faire régimer nos pièces. Avons voyagé en camion.

12 septembre 1918 -- Sommes allés de Dainville à Berneville pendant l'après-midi. Bon cantonnement et bon secteur des chevaux.

13 septembre 1918 -- Nous sommes occupés de la pièce dans le secteur des chevaux.

14 septembre 1918 -- Nous sommes occupés des pièces dans le secteur des chevaux.

15 septembre 1918 -- Suis allé à l'église en matinée. Ai pris un bain pendant l'après-midi et suis allé à l'église en soirée.

16 septembre 1918 -- Nous sommes occupés de la pièce et des avant-trains pendant toute la journée. En soirée, suis allé au Y.M.C.A.

17 septembre 1918 -- Nous sommes occupés des pièces et des avant-trains pendant l'après-midi. Avons travaillé fort.

18 septembre 1918 -- Nous sommes occupés de la pièce et des avant-trains. Avons eu une inspection dans la matinée. En soirée, sommes allés au Y.M.C.A. assister à un concert, mais les gars ont été déçus du spectacle; ils ont commencé à huer et le concert a pris fin.

19 septembre 1918 -- Ai eu une journée facile près des véhicules à l'arrière. Suis allé au Y.M.C.A

20 septembre 1918 -- En matinée, ai passé une très bonne journée dans le secteur de l'unité. Il a plu toute la journée, mais nous avions un bon cantonnement dans une grange.

21 septembre 1918 -- Je m'amuse et je mange bien. Suis allé à l'église dans un baraquement de l'armée en soirée. Pendant l'après-midi, ai assisté à un concert donné par la musique du 49e Bataillon dans les rues de Berneville.

22 septembre 1918 -- Étais dans le baraquement de l'armée qui sert d'église en matinée et aussi en après-midi; suis allé en soirée à l'office dans le même baraquement et y suis resté pour communier. Avons reçu l'ordre de monter plus loin. La brigade a quitté Berneville et Dainville vers 22 h 30 et a voyagé toute la nuit.

23 septembre 1918 -- Arrivés à Fontaine vers 6 h. Ai monté la tente et ai dormi presque toute la journée. Pendant la nuit, les gars ont commencé à transporter des munitions en prévision de la bataille de Cambrai.

24 septembre 1918 -- Tout le Corps canadien était installé autour de Chering Fontaine, derrière l'ancienne ligne

Hindlebrough, en vue d'une bataille. Nous sommes occupés de la pièce. Les Frisés ont bombardé les environs du secteur des chevaux pendant la nuit.

25 septembre 1918 -- Ai passé une belle journée. Les Frisés ont largué trois bombes près du secteur des chevaux. Les pièces ont commencé à avancer.

26 septembre 1918 -- Ai flâné dans le secteur des chevaux presque toute la journée. Avons fait avancer les pièces pendant la nuit. Après avoir mis les pièces en batterie, nous avons dormi dans le trou d'une pièce allemande de 5,9 derrière Bussy. Il a plu la majeure partie de la nuit.

27 septembre 1918 -- Le tir de barrage a commencé vers 5 h 30. Une batterie d'obusiers de 9,2 était en ligne avec nous. Le tir a duré environ deux heures. Nous avons commencé à avancer vers 10 h et avons dépassé le canal du Nord d'environ deux milles en passant par un endroit appelé Inchy. Avons mis les pièces en batterie mais n'avons pas tiré. Ai dormi toute la nuit sous une tente près de la pièce.

28 septembre 1918 -- Avons encore avancé d'environ un mille et avons mis en batterie dans un champ dégagé. La 4e Division d'infanterie était retenue par des mitrailleuses. Avons détruit le nid de mitrailleuses, mais l'infanterie n'a pas avancé bien loin. Trois de nos hommes ont été blessés dans un bombardement d'artillerie. Notre capitaine a aussi été blessé en menant l'infanterie.

29 septembre 1918 -- Me suis levé vers 8 h. Avons commencé le tir de barrage vers 9 h. Après environ une heure, les prisonniers ont commencé à arriver.

Avons passé toute la nuit dans la même position. Les Frisés ont toute la nuit exécuté un bombardement très intense.

30 septembre 1918 -- Avons tiré toute la journée contre des batteries. Journée assez bien remplie. Ai dormi toute la nuit dans un trou avec le sergent.

OCTOBRE 1918

1er octobre 1918 -- Avons tiré ou flâné presque toute la journée. Avons avancé pendant la nuit et installé les pièces sur une route en contrebas derrière Epinay. Il a plu très fort toute la nuit et les Frisés ont tiré un peu partout toute la nuit. Avons dû rester éveillés toute la nuit. Cimetière de Haynecourt 5.00.

2 octobre 1918 -- Avons commencé le tir de barrage vers 5 h 15. Les fantassins de la 1re Brigade sont montés à l'assaut sur notre gauche. Les troupes du Y & L et le 4e Bataillon ont été arrêtés. Dans la matinée, je suis monté au front pour ramener le corps du lieutenant Smith, qui a été tué en accompagnant l'infanterie. Les Boches ont tiré toute la journée des obus explosifs et des obus à gaz contre notre position.

3 octobre 1918 -- Me suis levé vers 8 h après avoir dormi dans un trou le long de la route qui mène à Epiperny. Pendant la nuit, les Frisés ont largué une bombe de gros calibre au centre de la position de pièces et blessé plusieurs de nos gars et des conducteurs des colonnes de munitions. L'ennemi a tiré des bombes-fusées contre nous toute la journée. Vers 19 h 30, il a commencé à nous bombarder avec des armes de gros calibre; Tom Grills est mort et le sgt McKenzie a été grièvement blessé. Avons été toute la nuit la cible d'obus à gaz. Mac est mort de ses blessures.

4 octobre 1918 -- Toujours dans la même position. Me suis levé vers 8 h 30. L'ennemi nous pilonne toujours après un intense bombardement. Le pilonnage a duré toute la nuit et toute la journée. Il tente délibérément de détruire le village qui est devant nous. Nous sommes repliés pendant la nuit sur notre ancienne position derrière l'artillerie lourde.

5 octobre 1918 -- Me suis levé à 8 h 30 après avoir dormi avec les autres gars dans un trou dans un champ dégagé. Après le petit déjeuner, suis allé à l'enterrement de Tom Grills. Ai aidé à creuser la tombe. Notre aumônier l'a enterré avec tout un groupe de Canadiens qui gisaient un peu partout en attendant d'être enterrés. Sommes retournés en ligne pendant la nuit. Les Frisés ont bombardé la route près de nous. 400 Canadiens sont au cimetière où nous avons enterré Tom Grills.

6 octobre 1918 -- Avons voyagé toute la nuit. Avons dormi toute la journée près d'un dépôt, après quoi nous nous sommes remis en batterie pendant la nuit sur des flancs. Ai dormi toute la nuit dans un poste de la Croix-Rouge allemande.

Position de la ferme Prospect. Secluse.

7 octobre 1918 -- Me suis installé pour vivre et dormir dans la vieille maison de ferme. Journée bien remplie.

8 octobre 1918 -- Me suis levé. Avons exécuté un faux tir de barrage contre les Frisés. Avons tiré et fait la détermination des corrections. Avons aussi tiré jusqu'à minuit. Les Frisés ont riposté en tirant des obus à gaz. Personne de blessé.

9 octobre 1918 -- Avons passé presque toute la nuit à tirer. Les Frisés ont tiré quelques obus. Ai assez bien dormi de 3 h à 9 h. Nous vivons vraiment bien depuis quelques jours. Bacon et gruau au petit déjeuner, steaks et pommes de terre au déjeuner, confiture, riz, fromage et pain au dîner.

10 octobre 1918 -- Avons tiré quelques obus pendant la nuit. Nous vivons à un endroit appelé ferme Prospect dont les Boches avaient fait un poste de la Croix-Rouge. Avons tiré quelques obus pendant la journée et aussi pendant la nuit. Sommes derrière une grande ville appelée Seclure.

11 octobre 1918 -- Me suis levé à 9 h. Nous sommes occupés du trou de la pièce. Avons tiré quelques obus pendant l'après-midi. Nos gars sont montés à l'assaut en après-midi, mais les Boches s'étaient repliés d'environ quatre milles vers le canal du Nord. Sommes sortis de batterie et sommes allés dans une ville appelée Seclure. Ai passé toute la nuit dans une cave.

12 octobre 1918 -- Me suis levé à 5 h 15. Avons tiré quelques coups avant le petit déjeuner. Avons tiré pendant la matinée. Pendant l'après-midi, la section de droite est partie et s'est mise en batterie à l'avant derrière un village appelé Bellonne. Avons arrangé une cave où les Boches avaient dormi et avaient installé des lits et un poêle.

13 octobre 1918 -- Me suis levé à 5 h 30. Avons exécuté un tir de barrage pendant la journée. Nous avons fait la détermination des corrections et tiré contre des emplacements de mitrailleuses. Vers 20 h, les Frisés ont tiré quelques obus de gros calibre et ont presque touché de plein fouet une pièce de la sous-section B, ce qui a mis le feu à des gargousses et au camouflage. Nous sommes sortis et avons éteint le feu. Vers 23 h, une pièce de la sous-section a tiré plus de 40 obus afin de harceler des Boches sur les routes.

14 octobre 1918 -- Me suis levé à 5 h 30. Avons exécuté un tir de barrage d'environ 30 obus par pièce. L'infanterie n'est pas montée à l'assaut pendant la journée.

Nous avons tiré quelques obus. Notre artillerie a rasé l'endroit où nos pièces avaient été en batterie afin d'éliminer le nid de mitrailleuses. Les Boches avaient transformé l'endroit en centre de commandement et il était assez confortable.

15 octobre 1918 -- De garde pendant la nuit précédente. Journée très facile. Les Boches ont éparpillé quelques obus ici et là. L'ennemi a pilonné une grande ville industrielle appelée Vitry. On pouvait voir la ville en flammes et la poussière de brique en suspension dans les airs. La ville brûle depuis plusieurs jours.

16 octobre 1918 -- Ai flâné presque toute la journée. Nous sommes levés vers 5 h 30 et avons exécuté un tir de barrage d'environ 31coups par pièce. Les Boches ont tiré quelques obus contre la position pendant la matinée. Il pleut.

17 octobre 1918 -- Nous sommes occupés du trou pendant l'après-midi. L'infanterie est montée à l'assaut et a constaté que les Boches s'étaient repliés. Vers 18 h, nous sommes partis et nous les avons suivis au-delà du canal. Il a fallu attendre environ deux heures que le génie termine le pont. Nous avons traversé et nous sommes passés près des installations chimiques. Nous devons avoir parcouru 5 ou 6 kilomètres avant de mettre nos pièces en batterie à droite de Vitry.

18 octobre 1918 -- Ai dormi toute la nuit dans une vieille usine. Sommes partis après le déjeuner et avons de nouveau suivi les Boches. Sommes passés à droite de Douar. La ville semblait en bon état. Avons traversé Dechy, qui était sale. Avons mis en batterie devant Loffree. Ai passé toute la nuit dans un bâtiment de la gare, près de la voie ferrée.

19 octobre 1918 -- Me suis levé à 5 h. Avons flâné toute la matinée. Sommes partis vers midi. En passant à Briulle, ai vu les civils qui avaient vécu sous la botte allemande. Ils étaient tout heureux que les Allemands soient partis. Avons traversé Somaine et Penian et avons vu beaucoup de civils. Les Boches ont saccagé les mines de charbon et fait de grands entonnoirs dans la route. Ai dormi près de la voie ferrée.

20 octobre 1918 -- Cantin. Nous sommes remis en route, mais nous ne sommes pas allés bien loin. Avons attendu une heure ou deux avant de pouvoir partir. En avons profité pour faire cuire des carottes et du navet et avons bien mangé. Sommes passé à Wandignes et avons mis en batterie de l'autre côté de la ville. Il a plu presque toute la nuit. Ai dormi toute la nuit sous la tente.

21 octobre 1918 -- Nous sommes levés et remis en route. Avons traversé une ville appelée Hasnon. Avons mis en batterie de l'autre côté de la ville. Les Boches ont commencé à bombarder la ville, tuant quelques femmes. Nous avons dormi toute la nuit dans la maison d'un civil et l'un de ses occupants nous a raconté avoir été quatre ans un prisonnier civil. La population se serait fendue en quatre pour nous.

22 octobre 1918 -- Me suis levé à 6 h 30. Pendant la matinée, la 3$_e$ Division est arrivée et nous a relevés. Sommes sortis de batterie pendant l'après-midi, mais sommes restés dans la ville. Avons aussi installé le secteur des chevaux en ville. La vieille dame de la maison n'a pas arrêté de nous servir un café sans sucre imbuvable; la cafetière n'avait probablement pas été lavée depuis des semaines.

23 octobre 1918 -- Debout à 6 h 30. Nous sommes occupés des pièces et des chariots. Les Frisés ont résisté en bas de St-Amand; ils tiraient directement en bas du parc d'artillerie.

24 octobre 1918 -- Réveil à 6 h 30. Pendant la journée, avons lavé et nettoyé la pièce et les avant-trains. Journée assez facile.

25 octobre 1918 -- Réveil à 6 h 30. Pendant la journée, avons lavé et nettoyé la pièce et les avant-trains. Nous la sommes coulée très douce. Les Boches ont évacué Saint-Amand. Ils ont aussi fait sauter l'un des clochers de l'église avant de partir. La pauvre vieille femme a eu la frousse parce qu'ils tiraient beaucoup.

26 octobre 1918 -- Ai nettoyé la pièce et les chariots toute la matinée. Nous la sommes coulée très douce pendant l'après-midi; avons eu congé. Pendant la nuit, les Frisés ont tiré quelques obus de gros calibre, ce qui a rendu les habitants du village très nerveux.

27 octobre 1918 -- Nous sommes occupés de la pièce et des avant-trains. Pas grand-chose à faire de la journée. Les Frisés ont bombardé la place en début de matinée.

28 octobre 1918 -- Nous sommes occupés de la pièce et des avant-trains. Me suis amusé. Exercice d'alerte aux gaz pendant l'après-midi.

29 octobre 1918 -- Nous sommes occupés de la pièce et des avant-trains. Pas grand-chose à faire de la journée. De garde pendant la nuit dans le parc de l'artillerie. Les Frisés ont tiré quelques obus de gros calibre à Hasnon pendant la nuit.

30 octobre 1918 -- De garde pendant la journée. Pas grand-chose à faire.

31 octobre 1918 -- Nos pièces ont tiré énormément en matinée. Nous sommes occupés de la pièce et des avant-trains.

NOVEMBRE 1918

1er novembre 1918 -- Nos pièces ont beaucoup tiré en matinée à droite de Hasnon. Les troupes impériales ont attaqué et avancé de quatre milles au cours de l'après-midi. Plusieurs prisonniers sont passés dans le village.

2 novembre 1918 -- Nous sommes occupés des pièces dans la matinée. Nous la coulons plutôt douce. En congé pendant l'après-midi.

3 novembre 1918 -- Réveil à 6 h. Avons seulement fait l'entretien de l'écurie pendant la journée. Avons entendu dire que les hostilités allaient cesser à la fin de la semaine. Me suis promené à Hasnon. Ai vu le canal et le pont de chemin de fer que les Boches ont fait sauter.

4 novembre 1918 -- Nous sommes

occupés des pièces et du secteur des chevaux toute la journée.

5 novembre 1918 -- Nous sommes occupés des pièces et des avant-trains. Il a plu toute la journée. Avons reçu l'ordre de tout préparer pour partir le lendemain matin.

6 novembre 1918 -- Sommes partis à 9 h. Avant le départ, le commandant a inspecté la batterie. Il a jugé que la pièce et les avant-trains de notre sous-section étaient les plus propres. Sommes partis de Grand Bray et avons traversé Raismes. Avons été cantonnés dans une grande ville appelée Anzin, dans une grande maison avec un piano et un mobilier neuf. Tout est parfait. Bon repas de patates. Rencontré le capitaine Hinds et le 116e Bataillon. Avons eu un beau petit concert. Ai passé la nuit par terre, sur le tapis.

7 novembre 1918 -- Avons quitté Anzin vers 9 h. Avons traversé Valeberas, sur la Shelat. Il ne reste vraiment rien de la place. La gare et les ponts ont été détruits. Ai rencontré Harry Ring et ai vu le capitaine Hinds à la tête du 116e Bataillon, en route pour Mons. Ai dormi dans une grande maison de la route de Mons, à St-Saulve.

8 novembre 1918 -- Avons quitté St-Saulve vers 9 h et avons suivi la route de Mons jusqu'à un endroit appelé Quaropible. Des chevaux morts et des pièces et des avant-trains allemands sont sur la route de Mons là où ils ont été pris dans notre tir de barrage. Avons dormi dans une maison de la route de Mons. Les civils rentrent chez eux; il est dur de les voir marcher péniblement avec leur charge.

9 novembre 1918 -- Avons passé la

journée à Quaropible. Nos colonnes ont défilé sans arrêt pendant deux jours et suivent les Boches. Il y a des troupes, des pièces de tous calibres, des camions et toutes sortes de matériel militaire. C'est quelque chose à voir. Des civils rentrent chez eux avec leurs biens de tous les jours dans un véhicule à deux roues. Presque toutes les maisons ont été bombardées par les Boches.

10 novembre 1918 -- Nous reposons à Quaropible pendant la journée. Des troupes, de l'artillerie, des camions et du matériel militaire défilent en un flot continu depuis deux jours. Les civils affluent dans l'autre sens avec leurs charrettes à bras. Un Français a laissé tomber un message d'un avion. Nous avons une journée bien remplie.

11 novembre 1918 -- Bonne nouvelle : les hostilités sont finies. C'est trop beau pour être vrai. Pendant l'après-midi, Percy Boyce et moi allons à pied à la frontière belge sur la route de Mons. Sommes entrés dans la cathédrale. Sur le chemin du retour, nous avons aidé deux civils à transporter leur charge. La colonne continue d'avancer.

12 novembre 1918 -- Nous reposons toujours à Quaropible et nous nous amusons. Avons nettoyé les pièces, les avant-trains et les harnais avant d'entreprendre la marche en direction de l'Allemagne. Les réfugiés passent toujours devant la maison en direction de leur ville respective. Ils ont l'air vannés et affamés.

13 novembre 1918 -- Nous reposons toujours dans la même ville. Les réfugiés défilent toujours. Il doit en être passé des milliers. Une colonne continue d'artillerie et de troupes se dirige vers la frontière allemande.

14 novembre 1918 -- Flânons à Quaropible à polir et à astiquer les harnais et à graisser et à nettoyer les pièces et les véhicules. Nous nous préparons en vue de notre grande marche, à entrer en Allemagne. Pendant la journée, la 1re Division d'infanterie a traversé la ville en route pour l'Allemagne. Les réfugiés continuent de rentrer chez eux. C'est triste à voir.

15 novembre 1918 -- Avons eu l'ordre de partir. Avons quitté le secteur des chevaux vers 10 h afin de poursuivre notre route vers l'Allemagne. En chemin, nous avons vu des officiers allemands se présenter sous un drapeau blanc. Nous sommes entrés en Belgique à un endroit appelé Quieviam; la fanfare de la ville était rassemblée et une garde d'honneur belge nous a salués de façon magnifique. Nous nous sommes arrêtés dans une ville appelée Boussu et avons dormi dans un hôtel.

16 novembre 1918 -- Nous reposons à Boussu. Les routes sont trop encombrées par les troupes et les civils qui y circulent. Nous avons marché en ville dans la matinée et en après-midi. Nous sommes bien installés dans la chambre avant d'un hôtel. En soirée, Brown et moi avons marché jusqu'à la ville suivante. Ed Wright est revenu à la batterie.

17 novembre 1918 -- Réveil à 6 h. Nous continuons de nous reposer à Boussu. Suis entré dans la cathédrale catholique en matinée. Pendant l'après-midi et en soirée, nous avons flâné.

18 novembre 1918 -- Avons reçu l'ordre de partir. Avons quitté Boussu vers 9 h 30. Avons traversé Hornu, Gemappes, Mono, Vimy et Mauierea et nous sommes arrêtés un jour ou deux dans un village appelé Casteau, qui est une très jolie petite place. Cinq d'entre nous ont obtenu une chambre dans un hôtel; je suis le chanceux qui a couché dans le lit.

19 novembre 1918 -- Nous reposons à Casteau. Nettoyons les avant-trains et les pièces. Nous la sommes coulée douce pendant l'après-midi.

20 novembre 1918 -- Nous reposons à Casteau. Pendant l'après-midi, nous marchons jusqu'à un village appelé Oboury, où le 116e est cantonné, et nous trouvons une cantine duY.M.C.A.; j'achète un fruit et un biscuit. McGinnis est revenu pendant l'après-midi et nous avons toutes sortes de bonnes choses à manger.

21 novembre 1918 -- Avons eu l'ordre de partir. Avons quitté le secteur des chevaux vers 9 h. Passons par les routes secondaires et traversons le village de Thrieusues Muast; nous sommes arrêtés dans le village d'Eccuassines. Suis très bien logé. C'est un très joli village.

22 novembre 1918 -- Suis logé à l'étage dans la rue principale d'Eccuassines. Le secteur des chevaux et le parc de l'artillerie sont sur la place, devant l'église. De garde pendant la nuit et la journée. Les gens avec qui nous vivons sont des personnes très sympathiques. Pendant l'après-midi, nous marchons jusqu'à une carrière.

23 novembre 1918 -- Toujours logé dans le même village. Avons nettoyé les véhicules en matinée. Pendant l'après-midi, me suis promené ici et là. En soirée, les gars de la batterie sont allés danser au cinéma.

24 novembre 1918 -- Avons reçu l'ordre de partir. Avons quitté le secteur des chevaux vers 7 h. Avons tout astiqué.

Avons traversé Tuchu, Teley et Marbuis au cours d'une marche de 20 kilomètres. Les gens ne comprenaient pas pourquoi nous avions astiqué les cuivres. Arrivés dans un village appelé I'rssmes St. Gossuicl, où la fanfare nous attendait et a joué différents airs nationaux. Sommes allés à l'église.

25 novembre 1918 -- Avons quitté le village vers 8 h pour une marche de 12 milles. Avons vu beaucoup d'avant-trains et de matériel militaire allemands en route vers Namur. Avons remonté la route de Wamur en passant par Soubrelle et sommes arrivés à un village appelé Corry Le Château. Ai dormi dans une ferme.

26 novembre 1918 -- Nous reposons à Corry Le Château. Pendant la journée, avons nettoyé les harnais, les pièces et les véhicules en prévision d'une marche de quatre jours jusqu'à la frontière allemande. Notre secteur des chevaux est installé près d'un couvent catholique.

27 novembre 1918 -- Avons quitté Corry Le Château vers 6 h. Avons contourné Namur en passant par la campagne. Quand nous traversons les villages, les cloches des églises sonnent et les enfants nous acclament. Entrés dans la vallée de la Meuse pendant l'après-midi. Notre secteur des chevaux est installé près de la Meuse. Ai couché dans un grenier. Les gens sont sympathiques. La ville s'appelle Selayn.

28 novembre 1918 -- Avons quitté Selayn vers 8 h. Avons franchi la Meuse près d'une fonderie et de mines de fer, de chaux et de charbon. Avons franchi les Ardennes. Le paysage, dans la vallée, est beau. Avons traversé Andenne et Gives. Nous sommes arrêtés pour la nuit dans un village appelé Grand Marchin.

29 novembre 1918 -- Avons quitté Grand Marchin sans petit déjeuner véritable pour les chevaux autant que pour le personnel. Les soldats ont protesté. Currie et McDonnell sont passés sur la route. Avons été retenus deux heures de temps. Nous sommes arrêtés à un endroit appelé Mosdave. Ai dormi chez une famille belge. Des gens très sympathiques.

30 novembre 1918 -- Avons repris la marche à partir de Grand Marchin. Avons traversé une belle partie du pays dans une vallée qui est à la frontière. Avons été inspectés par Currie et son état-major quand nous nous sommes arrêtés pour manger. Nous sommes arrêtés à un endroit appelé Tohogne. Ai dormi dans la chambre avant d'un estaminet.

DECEMBRE 1918

1er décembre 1918 -- Avons toute la journée attendu des vives à Tohogne. Ils sont arrivés vers 17 h. Pendant la journée, il a fallu acheter du fourrage et des pommes de terre pour les chevaux et les hommes. Nous avons dormi dans une grande pièce dans un estaminet.

2 décembre 1918 -- Sommes partis de Tohogne vers 7 h. Avons traversé une région très accidentée et à l'allure sauvage; avons passé notre temps à monter et à descendre. Avons traversé un village appelé Bomal. Nous sommes arrêtés dans un village appelé Harre et avons dormi dans une école.

3 décembre 1918 -- Sommes partis de Harre vers 9 h. Avons traversé un terrain très accidenté et à l'allure sauvage. Sommes arrivés vers 4 h à un endroit appelé Lierneux. N'avons pas eu de vivres avant 21 h. Avons acheté un peu de steak et avons mangé. Ai logé chez un couple âgé. Dernière ville belge.

4 décembre 1918 -- Avons quitté Liemeux. Sommes passés par Corrone, Veilsalm et Pethihier et sommes entrés en Allemagne à 13 h 20. Pendant l'après-midi, le général Currie et son état-major nous ont pris en charge. Sommes entrés dans un village allemand appelé Recht et avons dormi en haut de la maison d'un fermier. Un peloton d'infanterie nous a été affecté. Avons passé la frontière à Valsalm.

5 décembre 1918 -- Avons passé toute la journée à Recht pour faire reposer les chevaux et nettoyer les véhicules et les pièces. Étions assez bien logés. Les vivres ont commencé à arriver un peu plus régulièrement.

6 décembre 1918 -- Avons reçu l'ordre de partir. Avons quitté Recht, avons traversé Born et nous sommes arrêtés dans un village appelé Bullingham. Ai logé chez un fermier allemand . C'était amusant de voir le soldat allemand retourné à la vie civile saluer nos sergents. La dame de la maison a préparé des pommes de terre et du chou. Le village et les routes sont très sales.

7 décembre 1918 -- Avons quitté Bullingham à 5 h. Avons traversé la Rhénanie, qui est très accidentée et très belle. Sommes arrivés à 16 h dans un village appelé Reiffersherd. Certains de nos gars ont fait du raffut dans un estaminet. Le village ne paie pas de mine. Ai logé chez une famille composée de six enfants, du mari et de la femme. Passcherdale.

8 décembre 1918 -- Avons quitté le village

vers 7 h pour une courte marche. Avons traversé une très belle région. Les Allemands revenaient de l'église et se sont mis en ligne pour nous regarder passer. Avons traversé Gall et sommes entrés dans un village appelé Schever au sommet d'une colline. Ai logé chez des gens très sympathiques.

9 décembre 1918 -- Avons quitté Scheven vers 7 h. Avons traversé une très belle région. Avons atteint une grande ville de caserne appelée Fuskuchen. Avons logé dans la caserne. Ai rencontré Jack Morton et un ou deux autres gars d'Oshawa.

10 décembre 1918 -- Avons quitté la ville et fait une longue route. Sommes entrés dans un petit village appelé Walberberg, à environ 10 kilomètres de Bonn. Avons été logés chez des Allemands très sympathiques. Nous avons couché à l'étage.

11 décembre 1918 -- Nous sommes occupés du secteur des chevaux. Avons nettoyé les pièces et les chariots pendant l'après-midi. Pendant la nuit, de garde au parc de l'artillerie.

12 décembre 1918 -- De garde pendant la journée. Journée très facile. Il a plu la plupart du temps.

13 décembre 1918 -- Avons quitté Walberberg vers 9 h afin de franchir le Rhin. Avons suivi une partie de la rue principale de Cologne, sommes passés sur l'un des ponts qui enjambent le Rhin et avons défilé devant le général Plumer, McDonnel et l'état-major. Avons une vue splendide de la cathédrale et du Rhin. Ai dormi dans un enclos pour prisonniers de guerre à l'usine Humbold. Cologne-Kalk.

14 décembre 1918 -- Avons quitté Cologne-Kalk et marché jusqu'à un enclos pour prisonniers de guerre situé près d'une usine de dynamite à un endroit appelé Militatraugs. Pas trop mal comme endroit. En soirée, six d'entre nous sommes allés à Cologne visiter la ville. Sommes rentrés vers 22 h. Usine de dynamite Lond.

15 décembre 1918 -- Sommes restés au camp de PG pour nettoyer les pièces pendant la matinée. Nous la sommes coulée très douce pendant la journée.

16 décembre 1918 -- Avons quitté le camp de PG et sommes allés à une grande caserne militaire proche de Wahn. Toute la 1re Division est logée aux alentours.

17 décembre 1918 -- Sommes installés dans la caserne pour quelques semaines. Suis de garde pendant la journée. Les chevaux et les hommes sont bien installés.

18 décembre 1918 -- Avons commencé à

mettre de l'ordre pendant la journée en vue d'une inspection générale. En soirée, sommes allés nous promener en ville. Avons acheté une tarte et un gâteau allemand. Vraiment horrible.

19 décembre 1918 -- Avons nettoyé les véhicules pendant la journée. Pendant l'après-midi, ai pris un bain. Ai passé la soirée à la caserne.

20 décembre 1918 -- Avons nettoyé les pièces et les chariots. Ai passé une assez belle journée.

21 décembre 1918 -- Avons mis de l'ordre en matinée. Avons eu congé l'après-midi.

22 décembre 1918 -- Service religieux en matinée. Très beau service auquel beaucoup de personnes ont assisté. Avons eu congé l'après-midi.

23 décembre 1918 -- Avons nettoyé les

véhicules toute la journée. Avons consacré pas mal de temps à cette tâche. N'ai pas quitté la caserne.

24 décembre 1918 -- Avons travaillé dans les hangars des pièces. Le général Morrison est venu nous inspecter pendant l'après-midi. Le colonel a inspecté les chevaux et les hommes. Suis resté à la caserne en soirée. Beaucoup de gars ont pris un coup.

25 décembre 1918 -- Me suis levé à 6 h 30. Ai mangé du corned-beef au petit déjeuner et au déjeuner. Le soir, nous avons eu un grand repas de Noël; au menu : soupe, légumes, dinde, oie, pudding et fruits. Nous nous sommes bien amusés et un orchestre allemand jouait. Le colonel nous a présenté une danse de variétés.

26 décembre 1918 -- Pas grand-chose à

faire pendant la journée. De garde pendant la nuit. Certains des gars étaient de bonne humeur et ont pris un coup en soirée.

27 décembre 1918 -- Étais de garde pendant la journée. Nous ne nous fatiguons pas. Très tranquille. D'après les rumeurs, nous allons être relevés.

28 décembre 1918 -- Sommes toujours au camp de Wahn. Je commence à en avoir assez que tout soit hors limites. Presque rien fait de la journée.

29 décembre 1918 -- Me suis bien amusé en soirée. Suis allé à l'église. Assez beau service.

30 décembre 1918 -- N'ai pas quitté le camp de la journée.

31 décembre 1918 -- N'ai pas quitté le camp de la journée.

JANVIER 1919

1er janvier 1919 -- Ne suis pas sorti de la journée.

Du 2 au 13 janvier 1919 -- Sommes restés à la caserne de Wahn jusqu'au 13 janvier. Sommes partis le 13 et avons voyagé dans des wagons couverts jusqu'à Huy, en Belgique. Avons été cantonnés au collège des Jésuites. Marncliffe, Huccorgne. Il nous a fallu 15 heures pour arriver ici de Wahn. Endroit plutôt morne.

FEVRIER 1919

Du 1er au 6 février 1919 -- 1er février - Avons quitté Marncliffe pour Liège pour la revue. Avons passé deux jours sur la route. Avons défilé devant les généraux Jacks, Currie, McDonnell et autres le 4 février. Sommes rentrés à Marncliffe le 6.

11 février 1919 -- Avons remis nos pièces et les avant-trains au service du matériel à Huy. Route plutôt glissante.

24 février 1919 -- Les hommes mariés dont l'épouse est en Angleterre ont quitté la batterie pour aller en Angleterre.

MARS 1919

3 mars 1919 -- Début de la démobilisation des sous-off et des artilleurs. Les hommes de Charlottetown sont partis les premiers.

6 mars 1919 -- E Wright a quitté la batterie.

7 mars 1919 -- Dobson a quitté la batterie.

8 mars 1919 -- Suis allé à pied à Huy.

13 mars 1919 -- Avons quitté Marncliffe pour Huy.

15 mars 1919 -- Avons quitté Huy pour Le Havre.

18 mars 1919 -- Arrivé au Havre vers le 18.

20 mars 1919 -- Avons quitté Le Havre vers le 20 à bord de la Lorina. Sommes arrivés à Weymouth la même nuit et au camp de Bramshoot vers 2 h du matin.

27 mars 1919 -- Parti de Bramshoot en permission. Arrivé à Heywood vers le 28.

AVRIL 1919

4 avril 1919 -- Ai quitté Heywood pour rentrer au camp.

13 avril 1919 -- Un bon groupe de gars est parti à bord de l'Olympic.

19 avril 1919 -- Ordre d'appareillage à 16 h. Annulé.

29 avril 1919 -- Avons quitté Bramshoot à 3 h 15 le 29 avril. Avons appareillé à bord du Baltic dans l'après-midi.

MAI 1919

4 mai 1919 -- Arrivés à Halifax le 4 mai. Descendu à terre à 11 h. Ai pris le train vers midi à destination d'Ottawa.

9 mai 1919 -- Arrivé à Ottawa le 9 mai. Très belle matinée.

JOURNAL DE GUERRE

–

SOUS LIEUTENANT CANADIEN BERNARD JAMES GLYNN

OCTOBRE 1916

Le dimanche 8 octobre 1916 - Je suis allé
à la messe et j'ai communié. J'ai vu le père
Bernard et j'ai dit au revoir à de
nombreux amis après la messe. J'ai
envoyé mes bagages au dépôt à midi. À
12 h 45, j'ai dit au revoir à ma femme et à
mes enfants ainsi qu'à tous mes voisins et
mes amis. Partir a été plus difficile que je
l'aurais cru. Papa, Yale, tante Katie et Joe
m'ont accompagné jusqu'au train. J'ai dit
au revoir à Joe et à papa. Papa était
démoli. De nombreux amis sont venus me
dire au revoir. Reverrai-je un jour ma
bonne vieille T.-N.? J'ai fait un arrêt à
Hamilton pour dire au revoir à tante
Martha. J'ai vu Snooks et H. Smith. Yale
et moi sommes allés à Toronto. Nous
sommes restés chez Snooks. J'ai passé une
soirée très agréable avec Mary et Grace
Casey.

Le lundi 9 octobre 1916 - J'ai passé la journée chez Mary et j'ai téléphoné à maman. J'ai parlé à tante Mary au téléphone. Mary et moi avons passé les dernières quelques heures ensemble et ce fût très agréable. C'est tout comme quitter un autre foyer et ma mère. Je quitte mes amis les plus chers. Mary et Grace voulaient m'accompagner à la gare mais M. McIntyre ne voulait pas. Je leur ai dit au revoir et Yale et Snooks m'ont accompagné à la gare. Je les ai salués alors que le train quittait la gare en direction d'Halifax. J'ai eu un grand coup de cafard.

Le mardi 10 octobre 1916 - Je n'ai pas dormi du tout sur ma couchette. J'ai changé de train à Montréal. J'ai pris mon petit déjeuner dans un hôtel tout près (le steak était très coriace). J'ai envoyé des cartes à la maison et à Mary. J'ai repris le train à 9 h pour Halifax. J'ai rencontré la plupart des hommes qui iront en Europe avec le R.F.C. J'ai joué aux cartes et discuté avec les autres toute la journée. J'ai vu le pont de Québec qui s'était écroulé. Je n'ai pas été très impressionné par le paysage. J'ai passé somme toute une journée assez agréable. Je me suis retiré sur la couchette supérieure à 23 h.

Le mercredi 11 octobre 1916 - J'ai plutôt bien dormi la nuit dernière. Je pense beaucoup à la maison et à Mary. Les repas ont été très bons, mais chers, de 2 $ à 3 $ par repas. J'ai écrit une longue lettre à la maison et à Mary. Le train s'est arrêté dans de nombreux villages francophones. Le paysage s'est amélioré. J'ai joué aux cartes avec deux membres du R.F.C. et le major King du quartier général d'Ottawa. Il a été très gentil et nous a donné des conseils utiles. Je me suis retiré à 23 h. Je suis arrivé à Halifax à 4 h et j'ai dormi à l'hôtel *Halifax*. J'ai assisté à un spectacle.

Le jeudi 12 octobre 1916 - J'ai relativement bien dormi. J'ai partagé ma chambre avec trois membres du R.F.C., les lieutenants Norman Keith, John Fry et Russell Moore. Je me suis présenté à mon supérieur et je suis monté à bord du vaisseau de Sa Majesté, l'Olympic à 11 h. On m'a attribué une cabine d'une valeur de 300 $. C'est un magnifique paquebot. Je ne sais pas quand nous quitterons le port. Nous sommes près de 6 000 soldats à bord, la plupart sont des Highlanders. Les repas à bord sont extraordinaires. Je me suis retiré à 23 h.

Le vendredi 13 octobre 1916 - J'ai bien dormi. Nous sommes toujours au quai à midi. J'ai joué aux cartes et j'ai fumé des cigarettes. À 16 h, nous nous sommes dirigés vers le bassin de Bedford. À 17 h, nous avons levé l'ancre et nous avons mis le cap sur l'Atlantique. Il y a quatre bateaux de croisière ici et de nombreux autres navires, dont le Calgarian. Ils nous ont salués avec grand enthousiasme quand nous sommes partis. Tous les bateaux se sont salués d'un coup de sifflet. C'était très impressionnant. J'ai vu mon cher pays de l'érable et tous mes êtres chers pour la dernière fois pour longtemps. Les verrai-je un jour à nouveau? Dieu seul le sait.

Le samedi 14 octobre 1916 - Déjeuné à 9 h. L'océan est plutôt houleux. Nous portons des ceintures de sauvetage en tout temps et effectuons des exercices de préparation en cas d'urgence. Il y a deux canons sur le paquebot, un à l'avant et un à l'arrière. Il fait très noir le soir sur le navire et on ne nous permet même pas de fumer. Les sentinelles font leur patrouille sur les ponts. Il y a quatre gardes à chacun des coins de notre pont équipés de mitrailleuses. Norm Keith, venu du Toronto, et moi sommes restés dehors jusqu'à 23 h à parler de nos femmes. J'aurais tellement voulu que la mienne soit présente.

Le dimanche 15 octobre 1916 - Je ne suis pas descendu pour déjeuner. J'ai eu un peu le mal de mer. Nous avons été nombreux à souffrir du mal de mer aujourd'hui. Il n'y a pas de services catholiques à bord. Je ne peux m'étendre sur ma couchette, l'océan est trop houleux. J'ai écrit une lettre à la maison, à mes amis et une entrée de journal à Mary. Il n'y a pas une femme à bord. Je suis resté sur le pont avec NK jusqu'à 22 h. J'ai le mal du pays.

Le lundi 16 octobre 1916 - Levé à 8 h 15 et déjeuné. Je commence à aimer le roulement de l'océan. Le danger que constituent les sous-marins est passé jusqu'à ce qu'on atteigne les côtes de l'Irlande, mais nous devons toujours porter nos ceintures de sauvetage. Nos repas sont délicieux. Le temps s'est réchauffé et le soleil commence à se pointer. Il y a un bon gymnase à bord. Nous jouons aussi au tennis. Une douce brise balaie les ponts. J'aurais aimé que maman et papa soient présents pour la sentir. Je suis resté sur le pont jusqu'à 23 h en compagnie de NK et de John.

Le mardi 17 octobre 1916 - J'ai déjeuné à 9 h. Le temps est magnifique. J'ai obtenu de la part du capitaine de l'*Olympic* la permission spéciale de prendre des photos. Le capitaine est très sage. À midi, cinq torpilleurs nous ont rejoints et nous ont escortés. Ils sont très rapides. Ils ont retenu un bateau suspect. J'ai pris de nombreuses bonnes photos des membres à bord. J'ai passé une soirée agréable dans le fumoir à chanter, à réciter et à écouter des anecdotes, etc. Je suis ensuite allé sur le pont.

Le mercredi 18 octobre 1916 - J'ai déjeuné à 9 h. Les cinq torpilleurs continuent à nous escorter. L'océan s'est calmé et il fait bon et chaud sur le pont. Le HMS *Olympic* est entré dans la baie de Liverpool à 19 h 30 et y a jeté l'ancre pour la nuit. Je me suis demandé quelle serait ma première impression de l'Angleterre? L'aimerais-je autant que le Canada? Impossible.

Le jeudi 19 octobre 1916 - Nous sommes arrivés au quai de Liverpool. J'ai débarqué à 10 h 30. J'ai envoyé des cartes postales pour la maison. J'ai pris le train jusqu'à Londres. Nous n'avons pas pu obtenir de chambres à la base alors nous sommes restés à l'hôtel *London*. J'en ai assez de voyager et j'aimerais m'installer un peu. Je n'aime pas vraiment Liverpool, mais bien sûr, je n'ai pas vu grand chose. Je suppose que je m'habituerai à ce pays avant la fin de la guerre.

Le vendredi 20 octobre 1916 - Je me suis présenté à *Adastral House* (le quartier général du R.F.C.) à 11 h. Je leur ai remis mes papiers. J'ai pris le train pour Oxford pour la deuxième école d'aéronautique militaire. On m'a accordé une permission de six jours pour obtenir un uniforme. On m'a installé à l'hôtel *Norfolk*, c'est un bel endroit. J'ai passé la soirée avec Burt Doran, Hugh Billings, John Fry et Norman Kells. Je me suis retiré dans ma chambre à minuit.

Le samedi 21 octobre 1916 - Levé à 7 h. j'ai déjeuné à l'hôtel puis j'ai pris le train pour Londres à 8 h. Nous avons obtenu des chambres à l'hôtel *Norland* par l'entremise de Mme Mitchell, la tante de Burt. C'est un très bel hôtel. J'ai écrit quelques lettres. Je me suis retiré à 23 h et j'ai envoyé un télégramme à la maison.

Le dimanche 22 octobre 1916 - Je suis à

l'hôtel *Norland*. Pas de courrier. Londres est une ville particulièrement intrigante. Je me suis promené autour du Strand, de Lester Square et de Piccadilly Circus. Je me suis couché tôt.

Le lundi 23 octobre 1916 - J'ai déjeuné à 8 h 30 et j'ai écrit à Ethel et à Mary. Je suis allé chez le tailleur, etc.

Le mardi 24 octobre 1916 - La journée a été monotone et je n'ai fait que tuer le temps.

Le mercredi 25 octobre 1916 - Je suis allé au cinéma, j'ai vu des amis et j'ai passé la soirée avec eux.

Le jeudi 26 octobre 1916 - Je suis allé chez Cox et Co. où j'ai obtenu mon crédit. Je me sens fatigué. J'ai obtenu mon uniforme et j'en suis content. Je me suis retiré tôt en soirée.

Le vendredi 27 octobre 1916 - J'ai quitté Londres à 16 h. Je me suis présenté à Oxford à 17 h 30. On m'a assigné la chambre 4, escalier 3 dans l'édifice *Meadow* du très ancien collège Christ Church. J'ai une belle chambre que je partage avec Bert E. Watts. C'est un Canadien tranquille et gentil qui a fait le voyage avec moi. J'espère que j'aimerai cet endroit qui me rappelle le songe d'une nuit d'été.

Le samedi 28 octobre 1916 - Je n'ai pas commencé mes cours. Je me suis promené dans Oxford. J'aime bien cet endroit maintenant.

Le dimanche 29 octobre 1916 - Je suis allé à la messe à l'église St-Aloysius. J'ai passé la journée avec les autres soldats. Je n'ai toujours pas reçu de courrier.

Le lundi 30 octobre 1916 - J'ai commencé

mes cours aujourd'hui. Voici quelques-
uns des sujets : moteurs rotatifs,
monosoupapes, Le Rhône, Gnome,
Clerget, moteurs stationnaires, Rolls
Royce, Beardmore, Renauld, R.H.F.,
bombes, électricité, envoi et réception de
messages par télégraphie, observation
aérienne, météorologie, astronomie,
lecture de cartes, cours de base,
haubanage de vol, mitrailleuses,
photographie, vol-voyage de navigation
et théorie du vol.

NOVEMBRE 1916

Le dimanche 12 novembre 1916 - Levé à 6 h et je suis allé à la messe à St-Aloysius à 7 h 15 et j'ai communié. John Fry et moi sommes allés à l'hôtel *Randolf* et avons pris un bain chaud et froid. Nous sommes ensuite allés nous faire prendre en photo. Je n'ai pas reçu de courrier aujourd'hui. J'ai passé l'après-midi à me promener. J'ai rencontré deux cadets canadiens ainsi que deux femmes. J'ai pris le thé avec eux, mais j'ai oublié leurs noms. Je suis sorti marcher avec le lieutenant Ivan Marks en soirée.

Le lundi 13 novembre 1916 - J'ai un rhume terrible, j'ai mal à la tête et aux yeux. J'ai fait une observation du promontoire surplombant Ypres à une altitude de 7 000 à 8 000 pieds. J'ai ensuite fait du vol en rase-motte avec M. Lew. J'ai ensuite été à la revue à 14 h. J'ai eu le moteur Beardmore. De retour à 17 h. J'ai pris le thé au George Café. Je suis sorti après le souper jusqu'à 21 h. L'enseignant en communications sans fil nous a donné quelques lignes (5) --. 5 shillings au dîner. Je pense à ma famille et à mon amour. Je suis terriblement fatigué maintenant, bonne nuit.

Le mardi 14 novembre 1916 - J'ai encore un rhume de cerveau terrible. Suivi le cours sur l'haubanage et sur les moteurs Renault. Je n'ai pas écrit de lettres et je n'en ai reçu aucune. J'ai tapé mes notes de 18 h à 19 h, puis de 19 h 30 à 20 h. Je suis allé danser avec de jolies filles, mais aucune ne m'a vraiment plu. Je vais me coucher maintenant, il est minuit. Je ne me suis jamais couché aussi tard depuis mon arrivée ici.

Le mercredi 15 novembre 1916 - J'ai toujours ce rhume terrible et j'ai eu un cours sur les moteurs Monosoupape ce matin. À 11 h 45, cours magistral sur le droit militaire. En après-midi, cours sur l'haubanage R.E.7. Je n'ai pas reçu de notes. Reçu des lettres de maman, d'Aloysius, de Florence, de Margaret et de M. J.S. Moore du *Kingston Cottage* à *St-Annes-On-The-Sea*, en Angleterre. J'ai répondu aux lettres et j'ai joué au rugby de 15 h 30 à 16 h 45. J'ai ensuite pris le thé avec John Fry. Je ne suis pas sorti ce soir et j'ai volé à rase-mottes quelques heures. Je me suis retiré dans ma chambre à 22 h 30.

Le jeudi 16 novembre 1916 - Levé à 7 h 45. J'avais très mal à la tête. Cours en avant-midi et un cours magistral sur les différentes méthodes de reconnaissance à 11 h 45. En après-midi, cours sur le moteur Gnome puis je suis allé voir un film. Je n'ai pas pris le thé. J'ai fait du patin à roulettes en soirée et j'ai joué au hockey. C'était la première fois que je faisais du patin à roulettes et je suis tombé une fois. Pas reçu de courrier aujourd'hui, j'attends une lettre de Mary et Yale. Il est 23 h et je vais me coucher. Bonne nuit douce nuit, bonne nuit.

Le vendredi 17 novembre 1916 - Levé à 7 h 45 et j'ai toujours cet horrible rhume. Cours en avant-midi sur la mitrailleuse Lewis. J'ai eu un exercice de rase-motte que j'ai bien réussi. Cours en après-midi sur les différents instruments. J'ai visité le *British Museum*, où nous suivons nos cours magistraux. Pas de courrier aujourd'hui. J'ai écrit à H. Blew, à W. Boyle, à Tina Cole, à Norma Bealy, à Flora Hill, à Ted Hannan et Mary et à Mary Gilbert. J'ai tapé mes notes à la machine et je me suis retiré à 23 h.

Le samedi 18 novembre 1916 - Levé à 7 h 30. J'ai encore mon rhume. Je tousse maintenant. On a eu la première neige aujourd'hui. Reçu une lettre de Mary. Il fait un peu froid. J'ai eu un cours d'observation aérienne et de vol en rase-motte. Je suis allé au cinéma en après-midi et j'ai pris le thé avec John Fry. Je ne suis pas sorti ce soir et j'ai joué du piano. J'ai reçu les photos de Joanne.

Le dimanche 19 novembre 1916 - Je suis allé à la grand-messe de 11 h à St-Aloysius. J'avais l'intention d'aller à la messe et à la communion de 7 h 15 mais je n'y suis pas arrivé. Il a plu averse. J'ai reçu la facture du tailleur pour l'uniforme un jour avant la pénalité. Assisté au salut à 16 h à St-Aloysius. Je me sens un peu seul. J'ai écrit à maman et papa, à Mary, à MlleStrong, à E.H. Henning à l'hôtel *Cecil*. Il est 22 h et je vais me coucher maintenant. Je suis très fatigué. Bonne nuit à tous à ma chère maison. MF et M.

Le lundi 20 novembre 1916 - J'ai encore mon rhume. Reçu une lettre de Ray. Je n'ai pas encore eu de nouvelles de Yale ni de Jack. Tapé beaucoup de notes à la machine. Je suis sorti fêter mais je suis rentré à 22 h 45.

Le mardi 21 novembre 1916 - Levé à 11 h 30. J'ai vu le médecin et j'ai sauté toutes les revues. Je me suis senti mal toute la journée. Je me suis promené un peu. À 20 h, j'ai un peu travaillé à la machine à écrire. Il est 22 h et deux compagnons jouent du piano dans ma chambre. Je vais me coucher dans quelques minutes. J'ai écrit des lettres à la maison et à Ray. Bonne nuit.

Le mercredi 22 novembre 1916 - Je suis resté au lit jusqu'à 10 h 30. Je n'ai pas pu voir le médecin. Je ne peux pas étudier. J'ai fait une promenade en moto aujourd'hui assis derrière R. Moore. Je me sentais mal et j'ai pris des photos. Je suis allé voir un film avec John Fry. Reçu une lettre de Grace Casey et je lui ai répondu. Il est 22 h et je m'en vais me coucher.

Le jeudi 23 novembre 1916 - J'ai encore eu mal à la tête. Cours sur les mitrailleuses en avant-midi et cours du Bristol Scout en après-midi. J'ai dû quitter le cours plus tôt, car j'avais trop mal à la tête. Je n'ai pas reçu de courrier et je me suis retiré à 22 h.

Le vendredi 24 novembre 1916 - Ma tête me fait encore souffrir. Je me suis levé à 6 h et je suis allé à la messe, à confesse et à la communion à St-Aloysius. J'ai vu le médecin. Je suis trop malade pour suivre mes cours. J'ai commencé à me sentir un peu mieux vers 19 h. Reçu des lettres de Yale, de Mac Fielding et de Jim Muir. J'ai répondu à Yale et j'ai fait un peu de rase-motte. J'ai étudié le moteur

Monosoupape. Il est 23 h 25 et je vais me coucher. Bonne nuit.

Le samedi 25 novembre 1916 - Levé à 6 h, messe et à communion. J'ai moins mal à la tête. Cours d'observation aérienne en avant-midi et promenade en après-midi. En soirée, je suis allé au théâtre. Je ne me sentais pas trop bien.

Le dimanche 26 novembre 1916 - Levé à 6 h, je suis allé à la messe et j'ai communié. J'ai reçu trois lettres de Mary et une de Jack. J'ai très mal à la tête. Jim Muir est venu de Reading. J'ai passé une journée fort agréable. Jim est parti à 20 h et je l'ai raccompagné jusqu'à la gare. Je suis revenu à ma chambre et j'ai terminé ma lettre à Mary.

Le lundi 27 novembre 1916 - Levé à 6 h, messe et communion. J'ai un peu moins mal à la tête. Cours sur le moteur Clerget en avant-midi et sur l'haubanage en après-midi. Reçu une très belle lettre de maman. Je ne suis pas sorti et je me suis couché tôt.

Le mardi 28 novembre 1916 - Levé à 6 h, je suis allé à la messe et j'ai communié. Il y avait le cours sur le moteur LeRhone en avant-midi mais je n'ai pas pu m'y présenter. J'ai dormi. Examen préliminaire en rase-mottes - 6 mots. En après-midi, cours sur la carburation, puis cinéma. Je ne suis pas sorti ce soir, j'étais trop fatigué. Reçu des lettres de Jack, de France Depew et je leur ai répondu. J'ai écrit à Jack Mc et à Joe. Je me suis retiré à 21 h 45.

Le mercredi 29 novembre 1916 - Levé à 6 h, messe et communion. Cours de photographie et de carburation en avant-midi. Un capitaine canadien m'a dénoncé pour lui avoir répondu durant le cours magistral. On m'a amené devant l'officier responsable adjoint, le capitaine Smith. Il a été très gentil et m'a parlé directement. Il m'a dit que je n'avais pas à m'excuser auprès de l'imbécile qui a rapporté l'incident. Je suis allé à Reading en après-midi avec Mark Billings. J'y ai rencontré le lieutenant Price Bowls et plusieurs autres membres canadiens du R.F.C. Je suis rentré à 21 h 45. Je me couche, il est 23 h. Bonne nuit.

Le jeudi 30 novembre 1916 - Levé à 6 h 25, messe et communion. Cours d'haubanage en avant-midi et sur la mitrailleuse Lewis en après-midi. J'ai pris le thé à 17 h avec John Fry à Cadenia. J'ai écrit une lettre à la maison et une carte à Pat McCall. J'ai posté la lettre aux Français. Pas de courrier. J'ai tapé mes notes de 20 h 30 à 23 h 15 puis je suis allé marcher pendant une demi-heure avec John Fry. Il est minuit et cinq et je vais me coucher pour rêver à maman, à papa, à la maison et à Mary. Bonne nuit.

DECEMBRE 1916

Le vendredi 1er décembre 1916 - Levé à 6 h 30, messe et communion. J'ai attrapé un autre rhume. Cours sur le moteur LeRhone en avant-midi et sur les bombes en après-midi. J'ai reçu une note de M. Leo Ward, que je ne connais pas, qui m'invite à prendre le déjeuner avec lui après la messe ce dimanche. Il dit que nous sommes tous deux des amis du père Plater. Je ne me souviens pas de son nom. Je lui ai répondu en acceptant son invitation. Je ne suis pas sorti et j'ai étudié. Je me suis retiré à minuit.

Le samedi 2 décembre 1916 - Levé à 6 h 35, messe et communion. Cours sur l'expédition et l'observation de l'artillerie en avant-midi. L'officier responsable adjoint, le capitaine Smith, est venu parler à tout mon escadron (composé de 15 hommes). En après-midi, John Fry, Burt

Fry, Russ Moore et moi-même sommes allés faire un tour en bateau sur la Tamise. À 15 h 45, je suis allé au *Randolf* prendre un bain. J'ai pris le thé et j'ai acheté des billets pour le spectacle Alaska, que j'ai vu avec John Fry. Le spectacle était bien, j'y ai croisé deux amis. Il est 22 h 55 et je vais me coucher. Bonsoir.

Le dimanche 3 décembre 1916 - Je suis allé à la messe de 8 h. J'ai rencontré M. Ward après la messe et déjeuné avec lui et un pasteur anglican du R.F.C. Très agréable. Reçu une lettre de maman qui m'a fait grand plaisir. Je lui ai répondu et j'ai écrit des lettres durant tout l'avant-midi. Je suis allé marcher à la campagne avec John Fry en après-midi et nous avons pris le thé. Je me suis retiré à 21 h.

Le lundi 4 décembre 1916 - Levé à 6 h 35, messe et communion à 7 h 15. Cours sur les instruments en avant-midi et sur le moteur Clerget en après-midi. Reçu une lettre d'Helen Sullivan et je lui ai répondu. J'ai écrit à Mme McIntyre. J'ai acheté deux épinglettes du R.F.C. que j'ai envoyées à maman et à Mary. J'ai un peu étudié, j'ai encore mal à la tête. Je me retirerai tôt.

Le mardi 5 décembre 1916 - Levé à 6 h 30, messe et communion. Cours sur la mitrailleuse Lewis en avant-midi et sur la lubrification des moteurs en après-midi. Retourné au Musée à 16 h 30. Pris le thé avec John Fry. Pas de courrier. J'ai étudié en soirée et je me suis retiré à 22 h.

Le mercredi 6 décembre 1916 - Levé à 6 h 30, messe et communion. Cours d'observation de l'artillerie en avant-midi. J'ai très bien réussi les exercices de rase-motte à 8 et je les ai bien exécutés à 9 ½. Cours magistral sur le vol-voyage de navigation. Le cours n'était pas intéressant. Reçu des lettres de Mary et de Mme McIntyre. J'ai répondu à la lettre de Mary. Je suis allé au théâtre en soirée avec Burt Doran, M. La Voie et --- de Rochie. J'ai pris le thé avec le père Martindale. Il est minuit dix et je me couche.

Le jeudi 7 décembre 1916 - J'avais mal à la tête. Je me suis levé à 7 h 45. Je n'ai pas pu bien étudier. J'ai suivi le cours sur le moteur *Rolls Royce* en avant-midi et sur l'haubanage en après-midi. J'ai écrit quelques lettres et je me suis retiré à 21 h.

Le vendredi 8 décembre 1916 - Levé à 6 h, je suis allé à la messe, mais j'ai dû quitter car j'ai commencé à avoir mal au pied. J'ai souffert pendant une heure. Reçu une lettre d'Ethel de NY et j'étais bien heureux d'avoir de ses nouvelles. Ce matin, cours sur le moteur LeRhone (l'instructeur n'était pas bon) et sur l'haubanage en après-midi. N. Keith et moi sommes allés à l'école de pilotage *Port Meadow*. Un appareil a fait un atterrissage forcé. J'ai étudié toute la soirée. Il est 23 h 15 et je vais me coucher. J'ai reçu une invitation à prendre le thé lundi après-midi avec le père Martindale.

Le samedi 9 décembre 1916 - Levé à 6 h 45 et je suis allé à la messe, mais j'ai dû revenir à la maison à cause de mon mal de tête. En avant-midi, cours d'observation aérienne et de photographie. Le cours magistral sur les magnétos était ennuyant. En après-midi, cinéma avec John Fry. Pas reçu de courrier. Je suis allé au théâtre avec deux jeunes filles et N. Keith. J'ai oublié leurs noms. J'ai un rendez-vous demain soir. Je me suis retiré à 23 h 30.

Le dimanche 10 décembre 1916 - Levé à 7 h 20, messe et communion à 8 h. J'y ai vu

Leo Ward. Je suis sorti avec John Fry et nous avons pris quelques photos. Je suis allé à l'hôpital pour voir Russ Moore et « Jap » Hyde Pearson. J'ai rencontré Mlle Pearl, actrice à Londres, l'amie de Russ. Pas reçu de courrier. J'ai annulé mon rendez-vous. J'ai écrit à maman et à papa et j'ai envoyé des documents à la maison. J'ai écrit à M. Moore et à Mary. Je vais bientôt me retirer.

Le lundi 11 décembre 1916 - Levé à 6 h 15, messe et communion. Étudié très sérieusement le moteur Rino en avant-midi. Été sélectionné pour aller à Reading pour essayer de réussir l'examen au cours M. Quitté Oxford à 16 h 15. On m'a installé à l'hôtel Willison à Reading. J'ai beaucoup étudié, je ne sais pas ce qu'on va me remettre demain.

Le mardi 12 décembre 1916 - Levé à 7 h. Examen sur la réception de buzzing et de moteurs rotatifs, spécialisation Mons. En après-midi, examen sur les moteurs stationnaires, spécialisation Rino. Je pense que je les ai réussis. J'ai beaucoup étudié pour mon examen de demain.

Le mercredi 13 décembre 1916 - Levé à 7 h. Examen en avant-midi sur l'haubanage général puis sur les bombes, l'observation aérienne, l'astrologie, la météorologie, les instruments, le vol-voyage de navigation et autres en après-midi. Je crois que les ai réussis. Je suis allé voir un spectacle avec Mack Fielding et un autre Canadien de Toronto. Je me suis retiré à 23 h 30.

Le jeudi 14 décembre 1916 - Levé à 8 h et déjeuné. À 9 h, on m'a envoyé passer l'examen sur l'envoi de buzzing. Je crois que je l'ai réussi. Je me suis promené avec le commandant, le capitaine Fortain. Pris le train à 14 h 20 pour Oxford. Appris à 22 h que j'ai passé tous mes examens!

Hourra! Je suis vraiment content. Environ huit à dix lettres m'attendaient, aucune de Mary. J'ai reçu la nouvelle du décès d'Ed Henning, qu'il repose en paix.

Le vendredi 15 décembre 1916 - Levé à 7 h 45. Je me suis présenté à la revue devant le hangar d'haubanage. Je suis ensuite revenu à mes quartiers. Vu un film en après-midi et J'avais mal à la tête. Pas reçu de courrier.

Le vendredi 16 décembre 1916 - Levé à 7 h 45 et déjeuné. Revue de 8 h 20 et je me suis engagé pour Egyst et Gosport à 9 h 15. Passé un test sur la mitrailleuse. Je pense que je l'ai réussi. Pas de courrier. J'ai écrit à Yale et je suis allé voir un film avec Marks et Crompton en après-midi. Il est 22 h et je vais me coucher. J'ai rasé ma moustache.

Le dimanche 17 décembre 1916 - Levé à 7

h, confession, messe et communion. Je ne suis pas sorti en avant-midi. J'avais très mal à la tête. Pas de courrier. Après le dîner, j'ai écrit à Grace Casey, à Yale, à Raymond et à la famille. J'ai écrit des lettres à remettre à maman et papa et à Mary au cas où je serais tué. Je les ai envoyées à Yale. Je me suis retiré tôt.

Le lundi 18 décembre 1916 - Levé à 8 h. J'ai reçu un avis de transfert à l'école de pilotage de Hendon, l'une des plus grandes au monde. J'ai dit au revoir aux autres et j'ai réglé mes dettes. Je suis le seul des 33 hommes arrivés ensemble à être transféré. J'ai quitté Oxford à 13 h 50 et je me suis présenté à mes supérieurs à Hendon à 17 h. On m'a donné une belle chambre dans les appartements Haterley. Il est 23 h et je vais me coucher. Bonne nuit.

Le mardi 9 décembre 1916 - Levé à 7 h et

revue de 7 h 30. J'ai passé 40 minutes à rouler en Caudron, j'ai atteint 40 à 45 miles à l'heure au sol. J'ai eu beaucoup de plaisir. J'ai eu si froid que j'ai presque gelé sur place. Pas de courrier. Il y a environ de cinquante à soixante appareils ici. Je suis allé en ville et j'ai vu *Chu Chin Chow* au *His Majestys*. Très bon spectacle.

Le mercredi 20 décembre 1916 - Levé à 7 h et revue de 7 h 30. J'ai roulé 25 minutes en*Caudron 105*. Je me débrouille plutôt bien maintenant. Pas de courrier. Je suis allé en ville durant l'après-midi. Je suis rentré tôt. Je me suis retiré à 22 h 30.

Le jeudi 21 décembre 1916 - Levé à 7 h, revue à 7 h 30. Il pleut très fort. Épais brouillard, impossible de voler. Je me suis rendu à Londres et j'ai acheté une nouvelle paire de culottes 2-15 et des gants pour 30 shillings. J'ai dîné avec Mme Mellish. Je vais chez elle pour le souper de Noël. Son fils, le révérend capitaine N. Mellish a reçu la Croix de Victoria pour avoir sauvé 22 personnes. Je n'ai pas reçu de courrier et je me suis retiré à minuit.

Le vendredi 22 décembre 1916 - Levé à 7 h 5, revue de 7 h 30. Aucun vol en avant-midi. J'ai reçu une note de Bert Watts accompagné d'un prolongateur et d'une lettre de la RYE indiquant qu'ils n'ont pas d'Arthur Borne ou quelqu'un portant un nom semblable dans leurs dossiers de qui je veux échanger un chèque de 2 £. En après-midi, j'ai roulé 10 minutes en Caudron. L'appareil du capitaine Chadwich et un autre sont entrés en collision. Personne n'a été blessé, mais les deux appareils sont très endommagés.

Le samedi 23 décembre 1916 - Levé à 7 h et revue de 7 h 30. Relevé de mes fonctions à 14 h et je suis allé en ville. J'ai pris une chambre au Regent Palace et j'y ai passé une nuit très agréable. J'ai reçu neuf lettres. Je ne suis pas resté au mess pour le déjeuner. Je me suis retiré à 1 h.

Le dimanche 24 décembre 1916 - Levé à 9 h et grand-messe à la cathédrale Westminster. C'est une très grande cathédrale. J'y ai rencontré M<small>lle</small> Julia Rancuret, une jeune Française très charmante. Elle connaît suffisamment d'anglais et moi suffisamment de français pour qu'on se comprenne. Je me suis retiré à 2 h. J'ai passé la soirée avec Julia.

Jour de Noël, le lundi 25 décembre 1916 - Levé à 9 h. Cette journée ne m'a pas semblé être Noël; j'avais le cafard. Je suis allé à la messe de midi avec Julia. J'ai dîné avec elle. Je l'ai quittée vers 15 h pour aller rejoindre M<small>me</small> Mellish pour le thé et le souper. J'ai passé une soirée très agréable avec M. et M<small>me</small> Hudson. Je suis retourné à l'hôtel à 21 h où m'y attendait un groupe d'officiers canadiens. Nous avons eu beaucoup de plaisir et nous avons cotisé 40 £ pour les soldats blessés. Je me suis retiré à 1 h 30.

Le mardi 26 décembre 1916 - Levé à 5 h 30 et déjeuné dans ma chambre. J'ai pris le métro à 6 h 30 jusqu'à Golders Green, j'ai ensuite marché un mile et demi puis j'ai fait le reste du trajet en auto. Reçu une lettre de Mary que j'ai immensément appréciée. J'aimerais voir Mary. Pas de lettre de ma famille. Aucun vol aujourd'hui, il y a eu trop de brouillard. Reçu une lettre de Frances Depew.

Le mercredi 27 1916 - Levé à 7 h 50. Pas de vol aujourd'hui. J'ai pris une voiture jusqu'en ville avec le commandant. Un épais brouillard s'est levé et on ne pouvait pratiquement pas voir devant soi. Je suis allé à la banque pour me renseigner au sujet du faux chèque. Ils m'ont dit qu'ils ne pouvaient rien faire. J'ai encaissé le chèque 20/19/8 de l'avocat. Je suis allé au *Regent Palace*. J'ai vu Mack Fielding et Julia. Je suis retourné à mes quartiers en métro dans le brouillard. Je me suis rendu à *Golders Green* puis j'ai dû retourner à Euston où j'ai dormi.

Le jeudi 28 décembre 1916 - Levé à 6 h 30 et déjeuné au *Edwards Hotel* à Euston. J'ai pris le métro puis l'autobus jusqu'à l'aérodrome. Reçu des lettres de maman et d'Ethel. Le brouillard était encore épais en avant-midi et s'est seulement levé à 15 h 5. J'ai fait 12 minutes de roulis. Je me suis retiré à 21 h 50.

Le vendredi 29 décembre 1916 - Levé à 8 h 5 et déjeuné. Reçu deux lettres de Bolis et Harley. Je vais écrire à la maison et à Ethel et finir la lettre à Mary. Je suis allé au cinéma en après-midi et je suis rentré pour le souper. Je suis resté au mess jusqu'à 22 h 20. Je me suis présenté pour les ordres, on m'a remis un billet de logement et je me suis retiré. Reçu des lettres de M. J.S. Moore.

Le samedi 30 décembre 1916 - Levé à 8 h. Reçu des lettres de Mary, Florence, Yale et Loretto. Aucun vol en avant-midi.

Le dimanche 31 décembre 1916 - Levé à 8 h. Aucun vol aujourd'hui. Je suis allé à la messe de 11 h puis je suis rentré me coucher. Je me sens devenir indifférent à tout et à tous. Je ne sais pas ce qui me prend. Je suppose que c'est le manque de compagnie. J'essaie de me reprendre en main. Je me suis levé plus maussade. J'ai vu le médecin à 19 h 30. J'ai mangé au mess et j'y suis resté jusqu'à 23 h 30. Reçu un télégramme de maman et papa me souhaitant la bonne année. Je suis très content de l'avoir reçu.

JANVIER 1917

Le lundi 1er janvier 1917 - Je suis à l'école de pilotage de *Hendon Flying*. Je demeure à la maison *Hatherley*. Je suis très malade. Le médecin m'a envoyé à l'hôpital. Reçu des lettres de Mme Mellish, de maman et de Vivian. Je commencé la nouvelle année à l'hôpital. Il est 23 h 30, j'ai mal à la tête et je ne peux pas dormir.

Le mardi 2 janvier 1917 - Il est 10 h 30 et j'écris au lit. Laissé une note à Mary. J'ai très mal à la gorge. Écrit à M. Moore. Il est 22 h et je me sens très seul ce soir. Par contre, mes esprits se replacent. Reçu une lettre de John Fry à l'hôtel *Willison*. Trois des hommes avec qui j'ai passé les examens ont été tués. Burt Doran a été gravement blessé lors de son premier vol solo à Gosport. Je me sens un peu mieux.

Le mercredi 3 janvier 1917 - Levé à 6 h

pour qu'on prenne ma température, me suis rendormi jusqu'à 9 h. Reçu une lettre de Tina et une carte de Florence. Quelqu'un m'a téléphoné, mais je n'ai pas pu quitter le lit pour me rendre au téléphone. Un autre officier du R.F.C. et un instructeur sont morts brulés à Netherhaven.

Le jeudi 4 janvier 1917 - J'ai mal à la tête. Je suis resté debout pendant une heure. Reçu une boîte de cadeaux de Noël de la Canadian Patriotic League et des cigarettes de Grace Casey. Reçu une lettre de Tommy Seales. Couché à 20 h 30.

Le vendredi 5 janvier 1917 - Je me sens mieux. Reçu une carte de Noël de Frances Depew. Je suis sorti de 14 h 30 à 17 h 30, j'avais très mal à la tête en rentrant. Je n'ai pas reçu de courrier ce soir.

Le samedi 6 janvier 1917 - Levé à 14 h et

je suis allé marcher. Je me suis retiré à 21 h. Je suis toujours à l'hôpital et j'ai toujours mal à la tête.

Le dimanche 7 janvier 1917 - Levé à 13 h. Je me sens mieux. J'ai traîné au lit 15 minutes. Je me suis retiré à 21 h 10. J'ai encore mal à la tête.

Le lundi 8 janvier 1917 - Levé à 13 h 50. Reçu des lettres de maman, de Mary, de JS Moore, de Helen S. et de Mme McIntyre. Fait un retrait de 10 £ à la banque. Revenu à l'hôpital à 17 h. J'ai pris le thé à 19 h 30 et j'ai écrit à maman et à Mary.

Le mardi 9 janvier 1917 - Levé à 9 h. Congé de l'hôpital à 10 h. J'ai obtenu un congé de 48 heures, renouvelables, pouvant aller jusqu'à 7 jours. Je me suis présenté pour les ordres et je suis allé en ville avec le lieutenant Walton. Nous

nous sommes descendus à l'hôtel *Regent Palace.*

Le mercredi 10 janvier 1917 - Levé à 10 h et déjeuné au *Regent Palace.* J'ai rejoint Sy en soirée et nous sommes allés au théâtre Piccadilly. J'ai dormi dans ma chambre à Hendon. Je suis allé à Epsom en après-midi pour voir Tommy Seales mais il n'était pas là. Je lui ai laissé une note de me rejoindre au *Regent Palace.*

Le jeudi 11 janvier 1917 - Levé à 10 h. Je me suis présenté pour les ordres et j'ai obtenu un congé supplémentaire de 48 heures. Reçu des lettres de maman, de Helen Sullivan, de Frances Depew et de tante Dominica. J'ai rejoint Sy et nous avons soupé ensemble. J'ai dormi à l'hôtel Ritz. Je n'ai pas vu Tommy Seales au *Regent.*

Le vendredi 12 janvier 1917 - Je me suis rendu à Epsom. J'ai rejoint Tommy Seales à 12 h 27 et nous avons passé une belle journée. Je suis descendu à l'hôtel d'Epsom avec Tommy.

Le samedi 13 janvier 1917 - Je suis allé en ville avec Tommy. Je me suis présenté à Hendon pour mes ordres. Je n'irai pas à Egyst avec ce détachement. On m'a installé à l'hôtel Imperial, Russell Square. J'ai rencontré Ethel Cooper au 11, Claredon Gardens, avenue Warwick, Maida Vale, Londres. Tommy s'est bien amusé. Reçu des lettres de Mary et de JS Dickson.

Le dimanche 14 janvier 1917 - Messe de midi à Westminster. Passé l'après-midi avec Tommy. Nous nous sommes promenés autour de *Queen Annes* et de *Buckingham Palace*. Tommy est parti pour Epsom et moi pour Hendon à 19 h. Je suis arrivé à 21 h et je me suis retiré à 22 h 30.

Le lundi 15 janvier 1917 - Levé à 8 h.

Reçu une lettre de Yale. Pas de vol aujourd'hui, je suis resté debout jusqu'à minuit.

Le mardi 16 janvier 1917 - Levé à 8 h et j'étais en retard pour la revue de 9 h. Je dois maintenant me présenter à la revue de 8 h. Pas de vol aujourd'hui, je me suis retiré à 22 h.

Le mercredi 17 janvier 1917 - Je me suis présenté aux revues de 8 h et de 9 h. Reçu une lettre de T. Seales. Pas de vol aujourd'hui, je me suis retiré tôt après être allé voir le père Lagore.

Le jeudi 18 janvier 1917 - Levé à 7 h 30 et revue à 8 h. Pas de courrier. Je me sens redevenir moi-même. Je suis allé au salut et j'ai échangé quelques mots avec le père Lagore. J'ai soupé à 21 h 15 au mess grâce à la " gentillesse " de " Peggy ". Je me suis retiré tôt.

Le vendredi 19 janvier 1917 - Levé à 7 h 30 et revue à 8 h. Reçu des lettres de tante Martha, de Don et Katie, de Carmalita, de Grace Casey et de Mary Higgins. Pas de vol aujourd'hui. Je suis allé au cinéma seul. Je me suis retiré à 22 h 30 et j'ai écrit à la famille, aux lieutenants Bellamy, Fry, Doran, Boon et à Cox & Co.

Le samedi 20 janvier 1917 - Levé à 7 h 30 et revue à 8 h. Pas de vol aujourd'hui, je suis allé me confesser auprès du père Leghorn.

Le dimanche 21 janvier 1917 - Levé à 7 h, messe et communion à 8 h 30. J'ai rencontré M. Wilson après la messe. J'ai déjeuné au *Hendon Golf Club*. J'ai attendu toute la journée d'avoir une occasion de voler, mais sans succès. Je me suis retiré à 21 h 30.

Le lundi 22 janvier 1917 - Levé à 8 h,

Déjeuné et revue à 9 h. Reçu deux lettres de Mary, une de Toronto, censurée, et une écrite dans le train en direction de Chicago. Reçu une lettre de Cox & Co., mon compte est à découvert de 5 shillings. Toujours pas reçu d'allocation. Écrit à Mary. Reçu une lettre de tante Joe et une carte de Bernice Robertson. Il est 21 h 30 : je vais me raser, lire *Girl of Lumberlost* et me coucher après avoir prié.

Le mardi 23 janvier 1917 - Levé à 8 h, déjeuné à 8 h 30 et revue à 9 h. Cours sur la mitrailleuse Vickers de 11 h à 12 h 30. Reçu une lettre de Raymond. Je me suis retiré tôt, vers 22 h 30. Écrit à Bud McKenna, à tante Joe, à Martha Dovine, à Mary Higgins, à Bellamy et à Mme G. McIntyre.

Le mercredi 24 janvier 1917 - Levé à 8 h, déjeuné à 8 h 30 et revue à 9 h. Cours sur les mitrailleuses de 9 h à 10 h 30 puis de

15 h 30 à 16 h 30. Reçu une lettre de Bert Watts et un beau colis de maman contenant des chocolats, des bonbons, un fer à cheval, une serviette et une débarbouillette. Ils m'envoient toujours quelque chose. C'est agréable de savoir qu'on ne m'oublie pas. Bonne nuit. Je me retire à 21 h 10.

Le jeudi 25 janvier 1917 - Levé à 8 h, déjeuné à 8 h 30 et revue à 9 h. J'ai suivi un cours sur les mitrailleuses de 14 h à 14 h 30. Pas de vol aujourd'hui. Reçu une lettre de Clarence, de maman et de Cox & Co.

Le vendredi 26 janvier 1917 - Levé à 8 h, déjeuné à 8 h 30 et revue à 9 h. Reçu une lettre de Soame, le photographe d'Oxford, me remerciant de mon chèque. Passé l'examen sur la mitrailleuse Vickers et j'ai échoué la section sur le chargement et les points. Je me suis rendu au champ de tir en soirée avec Glen.

Le samedi 27 janvier 1917 - Levé à 8 h, déjeuné à 8 h 30 et revue à 9 h. Reçu des lettres de Tommy Seales et de Carmelita. Pas de vol aujourd'hui à cause des vents soufflant à 35 miles à l'heure. Les plans d'eau sont gelés, j'espère pouvoir bientôt patiner.

Le dimanche 28 janvier 1917 - Levé à 7 h 30, messe et communion. J'ai fait bénir le chapelet de la K of C. Je suis resté au mess toute la journée et j'ai écrit à Mary, Bales et Harley.

Le lundi 29 janvier 1917 - Levé à 7 h, déjeuné à 8 h et revue à 9 h. À 10 h on n'avait toujours pas pu voler. J'ai fait un petit voyage dans les nuages à 7 000 ou 8 000 pieds d'altitude. C'était agréable de voler à 135 miles à l'heure à bord d'un DH4 240 de Rolls Royce. J'ai intégré lescadron de mitrailleuses Lewis. Pas de courrier.

Le mardi 30 janvier 1917 - Levé à 8 h, déjeuné à 8 h 30 et revue à 9 h. Pas de vol aujourd'hui, il fait plus froid. Il est 22 h et il neige. Je m'attends à aller patiner demain. Pas de courrier. Je me suis entraîné avec l'escadron de mitrailleuses Lewis de 11 h à 12 h 30 puis de 17 h à 17 h 45.

Le mercredi 31 janvier 1917 - Levé à 8 h, déjeuné à 8 h 30 et revue à 9 h. Pas d'entraînement d'escadron aujourd'hui et pas de vol. Je suis allé à Regent Park où j'ai patiné de 14 h à 17 h. Je me suis bien amusé. J'ai reçu une lettre de maman, je me suis retiré à 21 h 10.

FEVRIER 1917

Le jeudi 1er février 1917 - Levé à 8 h, déjeuné à 8 h 30 et revue à 9 h. J'ai volé pendant 1 heure et demie et maintenant il neige. Trois appareils Beatty se sont écrasés, personne ne s'est blessé. Mon appareil s'est écrasé et a pris feu.

Le vendredi 2 février 1917 - Levé à 8 h et déjeuné à 8 h 30. J'ai passé 48 minutes à m'entrainer au vol d'un Dual Caudron à 40 à 50 miles à l'heure en ligne droite. Deux buses L&P se sont écrasées. Je viens d'apprendre que douze membres de chaque escadron resteront ici et les autres seront envoyés ailleurs.

Le samedi 3 février 1917 - Levé à 7 h, déjeuné à 8 h et revue à 9 h. Exercice de mitrailleuse de 11 h à 12 h 30. J'ai passé 15 minutes à m'entraîner avec le Dual Caudron à 40 à 50 miles à l'heure.

Gardner a eu un très grave accident et il est à l'hôpital. Aujourd'hui j'ai 20 ans! Quel endroit pour célébrer son anniversaire. Dieu, faites en sorte que cette terrible guerre soit terminée l'année prochaine à la même date et que je sois de retour à la maison. Pas de courrier. Il est 22 h 10 et je vais me coucher. Bonne nuit.

Le dimanche 4 février 1917 - Levé à 10 h, déjeuné à 10 h 20 et messe à 11 h, puis je suis allé patiner à *Regent's Park* et à *Hyde Park*. J'ai rencontré messieurs Stanford et Hurthin. Il est 21 h 35 et je me retire. J'ai écrit à A. Boon.

Le lundi 5 février 1917 - Levé à 8 h, déjeuné à 8 h 30 et revue à 9 h. Cours sur les mitrailleuses. Je n'ai pas reçu de courrier aujourd'hui. Je me suis retiré à 22 h 30.

Le mardi 6 février 1917 - Levé à 8 h,

déjeuné à 8 h 30 et revue à 9 h. Cours sur les mitrailleuses de 11 h à 12 h 30 puis rendez-vous chez le dentiste qui fait une incision de la gencive. Je suis allé patiner à *Regent's Park*. Reçu une lettre de Mme Mellish et M. Moore. Je me suis retiré tôt. Je n'ai reçu aucun courrier de la maison depuis un bon moment, je suis inquiet.

Le mercredi 7 février 1917 - Au lit avec douleur à la gencive. Je me suis levé à 15 h 30, je suis allé à *Cricklewood* où je me suis procuré des médicaments. Reçu un télégramme de Raymond. Il est arrivé sain et sauf. Que Dieu le protège!

Le jeudi 8 février 1917 - Resté au lit jusqu'à 10 h. Mon serviteur m'a informé que je devais me présenter à Northolt (Ruislip Middlesex) pour des cours de vol supplémentaires. J'ai passé l'examen sur la mitrailleuse Vickers que j'avais manqué et sur la mitrailleuse Lewis, sauf les sections sur l'entretien et le nettoyage. Le tender m'a conduit jusqu'à Northolt en compagnie d'AW Little. Je partage ma baraque avec Little. On m'a assigné une ordonnance stupide. J'ai écrit à Mary, à maman, à papa et à Yale.

Le vendredi 9 février 1917 - Levé à 7 h et déjeuné à 8 h. Pas de vol aujourd'hui. Reçu un télégramme de Raymond.

Le samedi 10 février 1917 - Levé à 8 h et déjeuné. J'ai reçu une permission à 7 h 30 pour quitter la base jusqu'à minuit dimanche soir. Je suis arrivé à Westinghagir à 16 h. J'ai rencontré Ray et on a passé une belle journée. Le personnel de la C.A.W.E. m'a hébergé pour la nuit et m'a envoyé un excellent repas. 22 h, j'ai reçu des lettres de sœurette, de maman, de Yale, de Lorretto et de Winnie Stevens.

Le dimanche 11 février 1917 - Levé à 7 h

30, messe et communion à 8 h. La chapelle est installée dans une étable. J'ai vu le commandant de Ray. Le Major McDonald (commandant) recommande Ray pour un transfert au R.F.C. Je suis revenu ici à 11 h 45. J'ai quitté Ray à 18 h. Reçu une lettre et des chèques d'A. Boon.

Le lundi 12 février 1917 - Levé à 7 h 15. J'ai piloté un Maurine Farman Shorthorn pendant 30 minutes, je l'ai bien aimé. Reçu une lettre de maman. Je me suis retiré tôt.

Le mardi 13 février 1917 - Levé à 6 h 30. Je suis l'officier de service de la station. J'ai inspecté la garde à 10 h, à 10 h 45 et à 11 h. J'ai inspecté les rations, les baraques, les revues, etc. Je me suis retiré à 1 h 45.

Le mercredi 14 février 1917 - Levé à 7 h 30 et déjeuné à 8 h 15. Reçu des lettres de Beatty, de Cox & Co., de Mary Higgins et de Yale. Pas de vol aujourd'hui. Dîner et cinéma à Harrow. Je me suis retiré à minuit et demi.

Le jeudi 15 février 1917 - Levé à 7 h 45 et déjeuné à 8 h 15. Reçu des lettres de Baby, d'Aloysius et de Florence. Pas de vol aujourd'hui. Je suis allé à Hendon et j'ai acheté de la musique. Je suis allé avec Little à *Kilburn Empire*. Il est 1 h et je me retire.

Le vendredi 16 février 1917 - Levé à 7 h 45 et déjeuné à 8 h 15. Pas de vol aujourd'hui. J'ai un mauvais rhume. Reçu des lettres de J.S. Moore et de Hook & Co. Je me suis retiré à 22 h 15.

Le samedi 17 février 1917 - Levé à 7 h 45 et déjeuné à 8 h 15. Reçu des lettres de MlleStrong. Je suis allé voir M. Moore. J'ai passé quelques heures avec lui à l'hôtel Bedford à Southampton Row.

Rencontré Julia. Reçu des lettres de Ray et de maman. Je n'ai pas volé aujourd'hui.

Le dimanche 18 décembre 1917 - Levé à 7 h 30, déjeuné à 8 h et messe à 11 h à Harrow. Je n'ai pas volé. Reçu des lettres de Yale et de tante Dominica. J'ai écrit à Vincent Quarry, au major MacDonald, à Raymond, à maman, à Yale et à N. Kelk. Je me suis retiré à 22 h 15.

Le lundi 19 février 1917 - Levé à 7 h 35 et déjeuné à 8 h 10. Pas de courrier. J'ai passé 35 minutes à bord du Maurice Farman Shorthon A2188 avec le capitaine Cole Hamilton. Il est 21 h et je me retire. J'ai écrit à Tommy Seales.

Le mardi 20 février 1917 - Levé à 7 h 30 et déjeuné à 8 h 15. Pas de courrier. Pas de vol aujourd'hui. J'ai écrit à maman et à papa, à Ray, à Yale et à Mme Mellish. Je me suis retiré tôt.

Le mercredi 21 février 1917 - Levé à 7 h et déjeuné à 7 h 30. Pas d'exercice ce matin. J'ai piloté un CCH, MFSH 70 Reno A909 de 16 h 55 à 17 h 5… décollage. Pas de courrier. Je suis allé au salut à 18 h 30 à Harrow, j'ai fait mon chemin de croix et j'ai reçu les cendres. Je me suis retiré à 22 h 50.

Le jeudi 22 février 1917 - Levé à 7 h 30 et déjeuné à 8 h. Reçu une lettre de Mme Mellish. J'ai piloté un DH, je me suis retiré tôt.

Le vendredi 23 février 1917 - Levé à 7 h 15 et déjeuné à 7 h 45. J'ai volé pendant 15 minutes. Je n'ai pas reçu de courrier; je me suis retiré tôt.

Le samedi 24 février 1917 - Levé à 7 h 15 et déjeuné à 7 h 35. Reçu des lettres de Ray, d'Helen Sullivan, de DVB et de J.S. Moore. J'ai agi à titre d'officier de service pendant 20 minutes. Je me suis retiré à 22 h. Je suis l'officier de service de la station demain et je ne pourrai pas aller à la messe.

Le dimanche 25 février 1917 - Levé à 6 h 30. J'ai été l'officier de service de la station. Inspecté le déjeuner des médecins à 7 h 30. Vérifié la garde à 10 h 15. Inspecté le dîner à 12 h 30. Je n'ai pas pu aller à la messe. Pas de courrier.

Le lundi 26 février 1917 - Levé à 7 h 30. J'ai volé aujourd'hui. Reçu des lettres de maman, de Jack McIntyre et de Jim Muir. Mon copain John Fry de Toronto est mort autour du 21 février à la *Central Flying School* d'Upavon. Je l'ai vu pour la dernière fois au *Regent Palace* à Noël en 1916. Je peux difficilement croire qu'il est mort. J'ai passé tout mon temps libre avec lui à Oxford. Il a été tué aux commandes d'un *DeHaviland Scout*.

Le mardi 27 février 1917 - Levé à 7 h 30, volé 5 minutes. J'ai été l'officier de service de l'escadron. Écrit à Jack et à Mary. Reçu une lettre de Ray. Il a les oreillons. Je me suis retiré tôt.

Le mercredi 28 février 1917 - Levé à 7 h 30. J'ai volé pendant 15 minutes, l'ascension a été difficile. Reçu des lettres d'Aloysius et de Baby qui avaient été envoyées le 6 décembre 1916 à la mauvaise adresse. J'ai pris le tender jusqu'à Harrow et je suis revenu à 23 h 40. Je vais faire mes prières et me coucher.

MARS 1917

Le jeudi 1er mars 1917 - Levé à 7 h 30. Pas de vol et pas de courrier. Je me suis retiré tôt.

Le vendredi 2 mars 1917 - Levé à 7 h. Pas de vol aujourd'hui à cause du brouillard. Reçu des lettres de Ray et de M. Moore. Monsieur Moore m'a aussi envoyé *Barnaby Rudge* par Charles Dickens. Je lui ai répondu, ainsi qu'à maman, Mary et Ray. Je suis allé en ville avec A. McKeever et j'y ai rencontré Brown. J'ai pris un bain turc à l'*Imperial* et j'ai soupé au *Regent Palace* à 21 h 30. Je suis revenu à l'aérodrome à 1 h.

Le samedi 3 mars 1917 - Levé à 7 h. Reçu des lettres de sœurette, de Florence, de Boyle et de Frances Depew ainsi qu'une carte de Mary à qui j'ai réécrit une lettre les yeux remplis d'eau. J'ai piloté un Dual

4 pendant 9 minutes et j'ai bien effectué mes atterrissages avec le Major O'Malley en avant-midi. Je ferai mon premier vol solo aux commandes d'un Maurice Farman Shorthorn demain. Il est 21 h 45 et je vais simplement faire mes prières et me coucher.

Le dimanche 4 mars 1917 - Levé à 7 h. Pas de vol aujourd'hui. Reçu des lettres de Grace Casey et de Cox & Co. Messe à 11 h à Harrow. Marché jusqu'à Northolt avant le dîner. J'y ai pris le thé et je suis revenu à pied. J'ai envoyé un chèque de 5 £ à Bolis et Harley. J'ai écrit à Grace Casey et j'ai reçu O i/c du service de la paie de l'Air Board Strand à Londres. Je me suis retiré à 22 h.

Le lundi 5 mars 1917 - Levé à 7 h 30. Pas de vol aujourd'hui. Reçu une lettre de J.S. Moore. Je me suis retiré tôt.

Le mardi 6 mars 1917 - Levé à 7 h. Pas de vol aujourd'hui. Rencontré mon nouveau commandant de vol le capitaine Harrison. Reçu une lettre de F.W. Harcourt K.C. accompagnée de 25 £. Reçu un code pour Ray et un pour moi-même de la *Catholic Women's Patriotic League* de Niagara Falls.

Le mercredi 7 mars 1917 - Levé à 7 h 30. Je suis l'officier de service de la station. Reçu une lettre de J.S. Moore. Pas de vol aujourd'hui, car il vente beaucoup et il fait froid. Il est 1 h 20, je viens de finir d'inspecter la garde et je vais me coucher.

Le jeudi 8 mars 1917 - Levé à 7 h 30. Pas de vol aujourd'hui. Je suis allé en ville et j'ai vu M. Moore. J'ai soupé avec lui. Je me suis retiré à 1 h et j'ai reçu une lettre de Mary Higgins (ma cousine).

Le vendredi 9 mars 1917 - Levé à 7 h 15.

Reçu des lettres de Cox & Co., de Tommy Seales et de Mary. J'ai volé pendant 12 minutes. J'ai rencontré beaucoup de turbulences mais je les ai bien négociées. Cours magistral donné par le Major O'Malley. J'ai écrit à Mary. Je me suis retiré à 21 h 30.

Le samedi 10 mars 1917 - Levé à 8 h. Pas de vol aujourd'hui. Reçu des lettres de Mary et de Tommy Seales. J'ai fait de l'observation aérienne à 11 h 30. J'ai écrit à Burt Doran, à Norm Keith, à Cox & Co. et à Mme Burton. Je me suis retiré tôt.

Le dimanche 11 mars 1917 - Levé à 7 h. J'ai fait mon premier vol solo à bord d'un M.F.S. 4909 et j'ai craqué un patin. Pas de courrier et je n'ai pas pu me rendre à la messe. Je me suis retiré tôt.

Le lundi 12 mars 1917 - Levé à 8 h. J'ai volé en solo pendant 32 minutes et j'ai effectué trois atterrissages parfaits. J'ai été pris dans un orage, je n'avais pas mes lunettes et je ne pouvais rien voir à l'avant. J'ai cassé la bielle de contreventement et le hauban porteur à l'atterrissage. Reçu une lettre de Ray; il est toujours en quarantaine.

Le mardi 13 mars 1917 - Levé à 8 h 15. Reçu une lettre de Jim Muir et une carte de Tommy Seales. Il part pour le Canada dans deux semaines. J'ai effectué un vol solo à bord d'un MFSH A909 et j'ai effectué 4 bons atterrissages. J'ai tenté d'éviter un autre appareil à l'atterrissage et j'ai cassé un patin au 5e atterrissage. Mon rhume me dérange encore beaucoup. Je me suis retiré à 22 h.

Le mercredi 14 mars 1917 - Levé à 6 h 50. J'ai volé en solo pendant 20 minutes et j'ai effectué deux bons atterrissages. J'ai terriblement mal à la tête.

Le jeudi 15 mars 1917 - Levé à 7 h 30. J'ai reçu l'ordre de me présenter au quartier général du R.F.C., pièce 46, Mason Yard, rue Duke, Piccadilly Circus, à propos de certaines lettres censurées que j'ai envoyées à Marry. Je me suis fait sermonner par le brigadier général Solomon. J'ai pris le thé à l'hôtel *Regents Palace.* Je me suis retiré à 1 h.

Le vendredi 16 mars 1917 - Je suis malade, je ne me suis pas levé avant 16 h. Je suis allé à l'église à Harrow à 18 h. Pas de services et pas de courrier aujourd'hui. Je me suis retiré tôt.

Le samedi 17 mars 1917 - Levé à 7 h. J'ai volé en solo pendant 55 minutes. Il y avait beaucoup de turbulences. Reçu des lettres de Ray et un télégramme de Tommy Seales. J'ai vu Jim Muir en ville; il arrivait de Turnberry. Il part bientôt pour le Canada. J'ai laissé un message pour

Tommy au *Maple Leaf Club*.

Le dimanche 18 mars 1917 - J'ai volé pendant 20 minutes. Messe à la cathédrale Westminster. Rencontré Tommy avec qui j'ai dîné puis nous sommes allés marcher. Nous avons marché dans le quartier de Whitechapel, sur Petticoat Lane, où Dirk Turpin avait ses opérations, etc. J'ai passé une soirée fort agréable. J'ai pris plusieurs taxis, le dernier à 4 h. J'ai pris le train de 5 h 15 pour Ruislip. Tommy m'a accompagné, on va aller faire une balade pour le plaisir.

Le lundi 19 mars 1917 - Arrivé à l'aérodrome à 6 h 45. Tommy est allé se coucher. Je me suis présenté pour les ordres, mais je n'ai pas pu voler, je ne me sentais pas bien. Mon rhume est très dérangeant. J'ai vu le médecin militaire après le départ de Tommy vers midi. Je me suis senti mal de quitter Tommy. Il part pour le Canada ce vendredi. Je pense toujours que Chuck est en vie. Reçu des lettres de J.S. Moore et des cartes de la maison.

Le mardi 20 mars 1917 - Resté au lit jusqu'à 11 h 30. Je vais rester dans l'antichambre parce que ma chambre est trop humide. Reçu des lettres de Yale et de Ray. Je me sens étourdi. Le médecin militaire va me voir.

Le mercredi 21 mars 1917 - Resté au lit pour déjeuner. Je n'ai pas volé. Je suis allé en ville en soirée. Je suis allé au théâtre avec le lieutenant Even Clark et deux filles de médecin. La pièce était très bonne. J'ai raté le train alors je suis resté à l'hôtel *Bedford*. J'ai rencontré M_{me}Holburn et sa sœur Estra.

Le jeudi 22 mars 1917 - Je suis rentré à l'aérodrome à 12 h 30. Reçu du courrier de la maison et de Ray. Je n'ai pas volé. Je ne me sens pas trop bien.

Le vendredi 23 mars 1917 - Levé à 8 h. Volé pendant 35 minutes dans l'orage, il y avait beaucoup de turbulences. Le temps s'est calmé en soirée. Je me suis perdu pendant une heure puis j'ai aperçu quatre voies ferroviaires de la G.C. et je suis revenu à la base sain et sauf, mais avec peu de carburant. Il faisait noir quand j'ai atterri. Je me suis inscrit au test R.A.C., j'espère me qualifier demain.

Le samedi 24 mars 1917 - Levé à 8 h 15. Passé le test du *Royal Aero Club*. Je suis maintenant officiellement un pilote. J'ai bien réussi mon test. J'ai fini mon entraînement sur les mitrailleuses.

Le dimanche 25 mars 1917 - Levé à 8 h, j'ai fait de l'observation aérienne, etc. 10 h - Quitté la base pour la ville à midi. Messe à la cathédrale Westminster. Rencontré Met Ivan Marks, De Roche, Hurst et H. Drummond. Passé une après-midi agréable dans la salle de musique à Strand. Rencontré M_{me} Hollon et son amie. Nous sommes allés faire un tour de taxi. Ivan Marks, Hurst, Ester et moi avons repris le train de 22 h 57 pour la base. Je me suis retiré à minuit et demi. Reçu des journaux de la maison.

Le lundi 26 mars 1917 - Levé à 8 h 30, passé mes examens et reçu mes papiers. Je suis allé voir mon adjudant. Je suis en congé jusqu'à 9 h vendredi. Reçu des lettres de Yale, de maman et de sœurette. Je suis allé à Londres. J'ai vu M. J.S. Moore à l'hôtel *Bonnington* à Kingsway. J'y ai passé la nuit.

Le mardi 27 mars 1917 - Pris le train de 9 h 50 pour Manchester. Arrivé à 14 h 50. On m'a installé à hôtel Grosvenor de

Deansgate. Je suis allé à Eccles. J'ai rencontré M. Higgins, Mary Somerville, Daly's et autres. Retour à l'hôtel à minuit.

Le mercredi 28 mars 1917 - Levé à 9 h 20 et déjeuné au *Grosvenor*. Je suis resté avec M. Moore jusqu'à 13 h. Visité l'église St-Mary's et dîné à l'hôtel *Midland*. J'ai fait transférer mes affaires du *Grosvenor* au **Midland**. Je suis allé au *Princess Theatre* à 14 h. J'ai pris le thé à 17 h au *Midland*. Je suis à Eccles. À 19 h 50, j'étais chez Daly. Retour à l'hôtel à 23 h.

Le jeudi 29 mars 1917 - Levé à 7 h 20. Pris le train pour Manchester à 9 h 10. Je suis présentement à bord du train. Arrivé à Londres à 14 h et j'ai vu Julia. Retour à l'aérodrome à 23 h. Reçu des lettres de Yale, de Grace, de Cox & Co., de Bolis, de Harley, de Harry Tagg, etc.

Le vendredi 30 mars 1917 - Levé à 8 h 30.

Affecté à Wye Kent, 20e escadron de réserve. J'ai quitté Northolt à 13 h 19 et Londres à 16 h 30 après avoir vu Bella Bird et Daisy. Arrivé à Wye à 18 h 10. Je n'aime pas cet endroit jusqu'à maintenant. On m'a installé chez Mme Dixon. J'ai écrit à maman, à papa et à Ray.

Le samedi 31 mars 1917 - Levé à 7 h 30. Pas de vol ni de courrier en avant-midi. J'ai écrit à J.S. Moore, à Yale et à Grace puis j'ai envoyé un télégramme à Ray. Je suis allé à la confesse à Ashford, puis au cinéma. Je me suis retiré à 22 h 30.

AVRIL 1917

Le dimanche 1er avril 1917 - Levé à 7 h 30. Messe et communion à Ashford en tender. Pas de courrier. Je piloterai un Avro cet après-midi. L'Avro a eu des ratés, le clapet d'aspiration a brisé. J'ai réussi à atterrir. Je me suis retiré à 22 h 30.

Le lundi 2 avril 1917 - Levé à 8 h. Pas de vol de prévu aujourd'hui. Reçu une très belle lettre d'Helen Sullivan. Je n'ai pas eu de nouvelles de la maison depuis un bon moment.

Le mardi 3 avril 1917 - Levé à 8 h. Reçu une lettre de Ray. Il commence son congé demain. Pas de vol aujourd'hui.

Le mercredi 4 avril 1917 - Levé à 8 h. J'ai volé un peu. Il y a eu une très sympathique danse au mess ce soir. De nombreuses jeunes femmes de Folkestone étaient présentes dont Mlle Carlion, Mlle Stubles et Mlle Harding. J'ai passé une soirée bien agréable à danser de 21 h à 1 h. J'ai dormi au logement à 2 h 30.

Le jeudi 5 avril 1917 - Levé à 5 h 30. Je suis l'officier de service de la station aujourd'hui. Piloté un Avro Dual pendant environ 1 heure. À 10 h 15, je suis allé à

Ashford pour chercher un mandat pour payer les hommes. Reçu une lettre de M. Moore. J'ai très mal à la tête. J'ai payé les hommes à 13 h 45. Je me suis retiré après le souper. J'ai donné des instructions au sous-officier de service afin qu'il poursuive ses tâches et qu'il me téléphone s'il y a quoi que ce soit d'important. Je suis très fatigué. Bonne nuit.

Le vendredi 6 avril 1917 - Levé à 5 h 55. On m'a appelé pour voler à 6 h 30 mais il a plu des cordes. Reçu une lettre de Ray. J'ai écrit à la Cox & Co., à l'adjudant no 2RS à Ruislip, à Yale et à maman et à papa. J'ai envoyé des cartes à Mary, à Baby et à Joe. Il fait un temps misérable dehors, un vendredi saint typique. Je suis allé à pied à Ashford. J'ai pris le thé à 16 h. Visité la *St. Mary the Virgin Cathedral English Church* bâtie dans les années 1100. Pris l'autobus jusqu'à Hythe puis jusqu'à Folkestone. Retour en train à 22 h 25. Vol prévu à 6 h 30 demain matin.

Le samedi 7 avril 1917 - Levé à 6 h. J'ai volé pendant 1 heure et 10 minutes. J'ai fait des exercices de tir pendant 2 heures. Reçu des lettres de maman et de Grace. Vol prévu à 6 h 45 demain matin. On adopte l'heure d'été ici demain et on avance les horloges d'une heure à minuit. Il est 21 h 50 et je me retire.

Le dimanche 8 avril 1917 - Levé à 6 h, heure avancée. Piloté un Dual Avro de 6 h 45 à 7 h 50. Mes atterrissages sont trop abrupts. Monté en side-car pour me rendre à la messe à Ashford. Déjeuné à l'hôtel *Saracens Head*. Retour à l'aérodrome à 10 h 30. Je n'ai pas pu voler à nouveau. J'ai écrit à Bud McKenna, à Mme McIntyre et à Bella Bird. Il est 21 h 20 et je vais faire mes prières et me coucher. Bonne nuit.

Le lundi 9 avril 1917 - Levé à 8 h 15. Je n'ai pas reçu de courrier et je n'ai pas volé. Je me suis retiré à 22 h.

Le mardi 10 avril 1917 - Levé à 6 h 20. Pas de vol aujourd'hui. Je suis sorti m'entraîner au champ de tir avec le Lieutenant Holmes. Tout juste alors que j'arrivais au terrier de lapin, le fusil a coincé et nous sommes revenus à la base. Nous avons fait du tir au pigeon d'argile à l'aérodrome en après-midi. Reçu une lettre de M_{me} Moore et un chéquier de Cox & Co. J'ai un autre rhume. Il est 21 h 04 et je vais faire mes prières et me coucher. Bonne nuit. J'ai détruit tout mon vieux courrier sauf les lettres de maman, papa, sœurette, Yale et Grace.

Le mercredi 11 avril 1917 - Levé à 7 h 55. Pas de vol et pas de courrier aujourd'hui. Écrit à Florence Boyle, 75 W 5e rue, Oswego, N.Y. Il est 22 h et je me retire.

J'ai de nouveau le rhume.

Le jeudi 12 avril 1917 - Levé à 7 h 55. Pas de vol aujourd'hui. Reçu des lettres de maman, sœurette, Grace Casey et Jack. Je me suis retiré tôt.

Le vendredi 13 avril 1917 - Levé à 5 h 20. Piloté un Avro pendant 40 minutes et j'ai dû faire un atterrissage forcé parce que j'étais épuisé. Je suis sain et sauf. Champ de tir en avant-midi. Tir au pigeon d'argile en après-midi. Reçu des lettres de Yale et de H. Tagg. Je me suis retiré à 22 h 45. J'ai écrit des lettres à la maison, à Yale et à Jack. Je dois me lever à 7 h 45 demain matin pour voler.

Le samedi 14 avril 1917 - Levé à 8 h. Pas de vol aujourd'hui. Je suis allé à Folkestone pour danser à Grande mais c'était trop loin, alors je suis revenu à Metropole et je me suis bien amusé. Je suis revenu samedi soir.

Le dimanche 15 avril 1917 - Levé à 7 h. Pas de vol aujourd'hui. Messe et communion à Ashford. Je suis allé au domaine Lady Northcotes et j'y ai pris le thé. C'est la meilleure maison de campagne d'Angleterre. Les fleurs sont magnifiques. Il y a même des bananiers qui poussent dans la serre en souvenir du sud. J'ai piloté un Avro à 19 h.

Le lundi 16 avril 1917 - Levé à 5 h. J'ai volé en solo en Avro pendant 25 minutes. J'ai fait deux bons atterrissages. Je me suis égaré dans le brouillard pendant un petit moment. J'ai reçu un beau colis de tante Joe. Il est 14 h et j'écris à l'adjudant no 2RS au sujet de la buanderie et à Ray. [Texte incompréhensible].

Le mardi 17 avril 1917 - Levé à 8 h 45. Reçu une lettre de Ray. Je n'ai pas pu voler aujourd'hui. Fait une promenade à bicyclette. J'ai écrit à Mary et je me suis retiré à 22 h.

Le mercredi 18 avril 1917 - Levé à midi. J'ai un gros rhume. Reçu des lettres du D_r Milton de Hooklen. Pas de vol aujourd'hui, il a plu la majorité de la journée. J'ai fait deux heures de bicyclette.

Le jeudi 19 avril 1917 - Levé à 8 h 30. Pas de vol. On a reçu des invités au mess et il y avait un groupe de musique. Je me suis bien amusé.

Le vendredi 20 avril 1917 - Levé à 5 h 50. Pas de vol en avant-midi. Reçu deux télégrammes de Ray, stationné à Catford. J'ai piloté un Avro A 444 en solo. La nuit a commencé à tomber alors que j'étais encore en vol et je me suis égaré pendant un petit moment jusqu'à ce que j'aperçoive la « couronne » et que je retrouve l'aérodrome. J'ai bien atterri. Je suis allé à une danse au collège pour jeunes femmes. J'ai eu du plaisir.

Le samedi 21 avril 1917 - Levé à 8 h 50. Pas de courrier et il vente beaucoup. Je n'ai pas pu voler avant 16 h. J'ai écrit à M. Moore.

Le dimanche 22 avril 1917 - Messe à Ashford. Je suis allé à Canterbury avec Crickmare et McVittie (deux Canadiens), nous avons rencontré des amis et nous nous sommes bien amusés. Retour à la base à 18 h, mais je n'ai pas pu voler.

Le lundi 23 avril 1917 - Piloté un Avro à 7 h 45. Rencontré quelques amis près de l'aérodrome. Piloté un Avro. Spence a fait une descente en vrille aux commandes d'un DH4 et s'est écrasé. Son état de santé est critique. On ne s'attend pas à ce qu'il survive.

Le mardi 24 avril 1917 - Volé à 7 h 45 puis en soirée (Avro). La prise d'altitude a été difficile. Sorti avec Wye en soirée. Reçu une carte de Ray. J'ai volé pendant 40 minutes ce soir. Spence va un peu mieux.

Le mercredi 25 avril 1917 - Volé en soirée. J'ai été sermonné par le capitaine Kitchener à cause de mon retard de 20 minutes. J'ai atteint une altitude de 6 000 pieds et je me suis égaré près de l'océan. Les nuages sont descendus, je me suis égaré pendant une heure jusqu'à ce que je reconnaisse le lac Lady Northcote et je suis revenu. Pas de courrier. Volé en soirée.

Le jeudi 26 avril 1917 - Volé à 7 h 45 pendant 45 minutes puis à 10 h pour un autre bloc de 45 minutes. À 16 h, le moteur a étouffé et je me suis écrasé au décollage à l'aérodrome. Encore un ensemble d'hélices et de train d'atterrissage de foutu. J'ai fait un atterrissage forcé lors de mon premier vol ce matin, mais je suis arrivé sain et sauf à l'extérieur de l'aérodrome. Reçu des lettres de Grace, maman et de M. Moore. Je dois me lever à 6 h 45 pour voler demain.

Le vendredi 27 avril 1917 - Pas de vol en avant-midi. Pas d'appareil BE-2e. J'ai reçu mes vaccins à Canterbury à 16 h 30 et j'y suis resté jusqu'à 18 h. J'ai pris le thé avec le lieutenant Reynard à l'hôtel County. Retour à l'aérodrome, je suis ensuite allé directement au lit, je fais de la fièvre.

Le samedi 28 avril 1917 - Resté au lit, malade, en avant-midi. Je me suis levé et j'ai assisté aux funérailles militaires du lieutenant Spence. J'ai été très impressionné. On a enterré le lieutenant Barnes à Dover. Je suis retourné au lit à 18 h. J'ai encore beaucoup de fièvre. Reçu une lettre de maman.

Le dimanche 29 avril 1917 - Messe et communion à Ashford. Pas de courrier. Je suis allé au salut à Ashford en bicyclette.

Le lundi 30 avril 1917 - Vol à 5 h 45. Piloté un Dual BE-2e, puis un BE-2e 1.05 en solo pendant 1 h 15 à 8 h 30. Reçu une lettre de M. Moore. J'ai piloté un BE2e 1.15 en solo à 16 h 30. Je suis allé à ----- de l'aérodrome avec Hodder - un observateur. Je me suis retiré à minuit.

MAI 1917

Le mardi 1er mai 1917 - Levé à 7 h 15. Décollage à 8 h 30. Je suis allé à Ashford, puis à Folkestone vers Dover, puis de retour à Hythe (je n'avais pas le bon relèvement) puis j'ai volé à un cap sud-ouest d'Ashford à Canterbury, puis d'Ashford à Wye. Pas de courrier en avant-midi.

Le mercredi 2 mai 1917 - Levé à 7 h 15. Décollage à 9 h. Les photos sont relativement bien réussies. J'ai fait un vol-voyage de navigation à 15 h avec le lieutenant Creekmore. Les deux avaient des BE2e. Atterrissage à Beaksbourne Zepp Straffing, base du 50e escadron. J'ai bien réussi. Creekmore a mal jugé sa descente et a descendu une pente de 30 pieds en avant de son moteur. L'appareil est foutu, mais Creekmore ne s'est pas blessé. Je suis ensuite allé à Dover. J'y ai pris le thé et j'y ai vu Davenport Nightingdale. Le lieutenant Mac Vittie s'est écrasé.

Le jeudi 3 mai 1917 - Levé à 8 h. J'ai pris onze photos de Crown, de Wye, de l'église C of E, de l'intersection à Kennington et du pont à Ashford. Les ailerons sont coincés et le moteur s'est étouffé. Pas de courrier ce matin. Reçu une lettre de Bella Bird. C'est encore la soirée de visites, le lieutenant Pete est venu. J'ai passé une belle soirée.

Le vendredi 4 mai 1917 - J'ai volé. J'ai pris des photos. J'ai piloté un biplace R.E. 8 avec le lieutenant Holmes. Je l'ai bien aimé. Pas de courrier.

Le samedi 5 mai 1917 - Pas de vol aujourd'hui. Je suis allé au théâtre à Canterbury. J'ai eu du plaisir et j'ai reçu une lettre de Ray.

Le dimanche 6 mai 1917 - Levé à 8 h et messe à Ashford. Pas de courrier. Je suis allé à Folkestone avec les lieutenants Crickmore et Hamel. J'ai eu du plaisir. Rencontré Hugh Billings. C'était la première fois que je le voyais depuis mon départ d'Oxford. Je me suis retiré à 22 h.

Le lundi 7 mai 1917 - J'ai reçu ma dernière dose de vaccins à Canterbury. Je suis allé à Folkestone où j'ai passé la journée avec H.B. Billing. Rencontré le capitaine Barry, Mme Hill, la femme du brigadier général Hill, de chez moi. J'ai vu *Diplomacy* en soirée. Je me suis retiré à 23 h.

Le mardi 8 mai 1917 - Levé à 7 h 15 et déjeuné au 31 avenue Earls avec Billie. Pris le train de 8 h 20 pour Ashford. Billie m'a accompagné jusqu'à Ashford. Arrivé à Wye à 10 h 45. Reçu trois lettres de la maison, de tante Dominico, Lordh et

Vincent. Ma tête et mes yeux me dérangent. J'ai écrit à Mary, à M. Moore, à maman et à papa, à Cox & Co. et j'ai envoyé des cartes à Mme Geo. McIntyre, à Grace, à maman, à papa et à sœurette.

Le mercredi 9 mai 1917 - Levé à 5 h. J'ai fait des exercices de relais de séquencement post-combustion avec succès. J'en ai eu pour 2 h 35. J'ai fait mon premier vol solo en B.E. 12. C'est un superbe appareil. Je suis allé danser à Ashford en soirée. J'ai eu du plaisir. Retour à la base à 3 h.

Le jeudi 10 mai 1917 - Levé à 4 h 50 après seulement 1 h 50 de sommeil. J'ai piloté (ou plutôt essayé de piloter) un RE 8. Je suis excessivement fatigué aujourd'hui, je dois dormir plus. J'ai dormi pendant quatre heures durant la journée. J'ai fait un petit vol de plaisir avec le Major Ross Hume en RE 8. Mauvais atterrissage. Il m'a dit que je pouvais partir en permission ce soir. J'ai pris le train de 20 h pour la ville. Je me suis installé au *Regent Palace*. J'ai soupé et je me suis couché à minuit.

Le vendredi 11 mai 1917 - Levé à 8 h 30 et déjeuné au *Regent Palace*. Retiré 3 £ de Cox & Co. et je suis parti pour Whitley à 11 h 45. J'ai vu Ray. Il avait l'air bien. Le Colonel Corbett a accordé une permission à Ray jusqu'à 14 h demain. Corbett est très sympathique. Je suis allé le chercher pour aller faire un tour. Je suis allé à Guilford en taxi. Je suis allé au théâtre *Royal* avec Kevin et Ray. Je me suis retiré à 23 h. Je suis très fatigué, mais quel lit formidable!

Le samedi 12 mai 1917 - Levé à 9 h à l'hôtel *Lion Guilford*. Ray et moi nous sommes fait prendre en photo ensemble et nous avons passé un bel avant-midi. J'ai bu mon premier véritable verre de lait frais depuis mon départ de la maison. J'ai passé l'après-midi autour du château *Guilford*. Il a été construit dans les années 1100. C'est un endroit très particulier et intéressant. J'ai quitté Guilford à 14 h. J'ai quitté Londres à 22 h et je suis arrivé à Ashford à 23 h 55. J'ai passé la nuit à l'hôtel.

Le dimanche 13 mai 1917 - Levé à 7 h 30 et messe à Ashford. Retour en tender. Reçu des lettres de Florence, de Mary Higgins et de M. Moore. Je n'ai pas volé aujourd'hui. Il est 22 h et je me retire. Je n'ai pas envie de me lever tôt pour voler. Je suis désolé, je voulais voler avec Crickmore jusqu'à Brighton pour voir s'il y avait des baigneurs.

Le lundi 14 mai 1917 - Levé à 8 h. Pas de courrier. Piloté un RE 8 en solo pendant 1 heure, j'ai fait un bon atterrissage, un atterrissage moyen et un mauvais atterrissage. Écrit à Mary Higgins, à J.S. Moore, à Ray, à Bolis et à Harley au 31, rue Earls, à Ho et Co, à Vincent, à Mabel Ingram, à M. et Mme Daley, à Ester Clark et au responsable de la paie à Ashford. Winifred Daly, âgée de 17 ans est morte subitement et la cousine de Mary Higgins, Grace est décédée après avoir donné naissance à un enfant.

Le mardi 15 mai 1917 - Levé à 4 h 20. Piloté un RE 8 pendant deux heures et vingt minutes. Je me suis perdu dans les nuages pendant deux heures, je m'étais rapproché de la côte sud-ouest. J'ai ensuite fait du vol en formation pendant 50 minutes. Je me suis bien débrouillé. Je suis bien meilleur dans les tournants rapides. Je me suis présenté devant le commandant. J'ai été absent de certains cours magistraux, mais je n'ai pas été pénalisé. Je me suis retiré à 23 h.

Le mercredi 16 mai 1917 - Je suis resté au lit jusqu'à 18 h. J'ai vu le médecin, je suis indisposé. Je tente d'obtenir mon congé demain pour une semaine avant de partir pour le front. On doit m'examiner les yeux et la tête, ha ha. Finalement, mes maux deviennent utiles. Pas de vol aujourd'hui, le grain s'en vient. Reçu une lettre de Mme McIntyre et des négatifs des photos prises de moi et de Ray à Guilford.

Le jeudi 17 mai 1917 - Je me suis levé à 7 h et j'ai volé ce matin. J'ai reçu mon brevet de pilote et obtenu 48 heures de permission. J'ai rencontré Burt S. et passé la soirée avec lui.

Le vendredi 18 mai 1917 - Levé à 7 h, j'ai pris le train de 9 h 50 pour Manchester. J'ai rencontré Gaffney et pris le thé avec lui. Il a reçu son brevet de pilote. Je suis arrivé à 18 h à St. Annes. L'endroit est magnifique et j'ai rencontré M_{me} Moore, Marge et Nora. Marge est fiancée. Nora joue du piano et du violoncelle, en plus de chanter et de composer de la musique. Madame Moore est la fille d'Henry Retinare. J'ai vu son portrait. J'ai assisté à un concert sur les quais.

Le samedi 19 mai 1917 - Levé à 8 h. J'ai déjeuné et je suis allé chez le barbier. J'ai acheté quelques partitions de musique et des cartes postales puis je suis revenu. Monsieur Moore et moi sommes allés à Blackpool pour l'après-midi et sommes revenus pour le souper. J'ai pris le train de 6 h 53 et M. Moore est venu avec moi. Je suis allé à confesse à Priston. J'ai laissé M. Moore vers 21 h. Il a été très gentil.

Le dimanche 20 mai 1917 - Le train est arrivé à la gare Easton à 5 h. Je me suis installé au*Regent Palace* jusqu'à 7 h 30. Puis, je suis allé à la messe et à la communion dans une église de Kingsway. Cette église remplace l'ancienne dont il est question dans *Barnaby Rudge*. J'ai rencontré Russ Moore de la R.A.C. ainsi que H. Hepurt et E. Arling. Russ et moi sommes allés à Sanbury pour voir des amis qui ont un bungalow sur le bord de la rivière. En soirée, nous avons soupé puis nous sommes allés au théâtre avec Celia et Ethel Tobed. J'accompagnais Celia, une fille très charmante. Je lui écrirai demain.

Le lundi 21 mai 1917 - Levé à 7 h 15 et déjeuné au club de la R.A.C.; coût total : 5. J'ai pris le train de 9 h 10 pour Wye après avoir dit au revoir à Harold Flynn, Elgin Wilson et Russ Moore. Arrivé à Wye à 11 h 10. Aucun vol aujourd'hui. Reçu des lettres de Cox & Co., du maître de poste d'Ashford, de Raymond ainsi que des documents de Grace, probablement. Je n'ai pas encore écrit à

Celia; je le ferai plus tard aujourd'hui.

Le mardi 22 mai 1917 - Levé à 8 h 30. Volé sur un RE 8. Le major Ross Hume m'a demandé de faire quelques acrobaties comme des virages à la verticale et autres. Je m'en suis bien tiré.

Le mercredi 23 mai 1917 - Levé à 8 h 30. Volé sur un RE 8 pour le plaisir. Atterri à Westgate, puis à Marstowe et embarqué Harold Flynn pour son premier tour d'avion. En roulant au sol, l'amortisseur et le renfort en V de tribord se sont brisés. J'ai fait faire la réparation puis je suis reparti à 19 h 15. Reçu des lettres de Sommerville et du maître de poste d'Ashford.

Le jeudi 24 mai 1917 - Responsable des premiers vols de la journée. Debout à 4 h 30. Je n'ai pas eu besoin de faire appeler les pilotes car les nuages étaient trop bas.

J'ai reçu des ordres du commandant pour aller au Front. Je dois me présenter au 46, Masons Yard, Duke au Piccadilly Circus à 15 h 30 demain, avant d'aller en France le lendemain. J'ai quitté Ashford à 13 h 36 après avoir téléphoné à Celia. J'ai laissé des lettres au 20 R.S. Wye à destination de Cox & Co. au 16, Charing Cross pour qu'on les conserve et les envoie en cas de décès. J'ai rencontré Celia.

Le vendredi 25 mai 1917 - Levé à 8 h 30. Le lieutenant Seymour et moi devions sortir mais Celia m'a envoyé un message et est venue me rejoindre au *Regent Palace*. Nous sommes allés à Twickensham sur la Tamise (à 10 h). Nous avons déjeuné sur une île. Ensuite, je me suis présenté à 15 h 30 à Masons Yard Duke. Puis, j'ai retrouvé Celia et nous sommes allés en voiture au *Cecil Hotel* pour que j'y prenne mes ordres pour me rendre à Boulogne. Nous sommes retournés au *Regent Palace*. Celia a attendu à la réception pendant que je prenais un bain et me rasais. Nous avons soupé et nous sommes allés voir *Wanted A Husband* avec Glady Cooper et Malcom Cherry. C'était formidable. Nous sommes revenus en taxi et j'ai fait mes adieux à ma mascotte.

Le samedi 26 mai 1917 - À 7 h 50, j'ai quitté la station Victoria et je suis arrivé à Folkestone à 10 h. Les Allemands ont lancé un raid aérien de 24 avions contre Folkestone la nuit dernière. Jusqu'à maintenant, le bilan est de 60 morts. J'ai vu de près le désastre. J'ai quitté Folkestone vers 14 h 30 sur le H.M.S. *London*. Je suis arrivé à Boulogne à 16 h. Je n'ai pas aimé Boulogne et j'ai eu des problèmes de bagages. Je me suis présenté à la Gare centrale à minuit. Nous avons quitté Boulogne à 2 h. J'ai un peu dormi en route mais je suis complètement épuisé. Le lieutenant L.E. Lomas et moi voyageons ensemble. J'ai écrit à maman et à papa de Boulogne.

Le dimanche 27 mai 1917 - Levé à 5 h. Arrivé à Abbéville et problèmes de bagages. Je me suis rendu au Club des officiers. Puis je suis allé à la messe et à la communion dans une très belle vieille église qui date de 1664. C'est merveilleux de pouvoir aller à la messe ici comme si j'étais à la maison. J'aime cet endroit. Le train part à 17 h 30 pour la base no 2 de Candas. J'écris ces lignes au Club des officiers où travaillent les filles du W.V.E. Elles font certainement un bon travail et sont une bonne source de nouvelles. J'ai quitté Abbéville à 18 h 20 et je suis arrivé à Candas à 21 h 45. Je suis au Club des officiers.

Le lundi 28 mai 1917 - Levé à 8 h et déjeuné au Club. Je me suis présenté au hangar no 2 et j'ai été affecté au 34e Escadron. Il est présentement basé à Villers Bretonneux mais doit bientôt être redéployé. Je suis resté à Amiens et j'ai visité la cathédrale. C'est un endroit magnifique, présentement tout entouré de sacs de sable. Je suis arrivé au 34e Escadron où l'on m'a assigné une tente pour la nuit. L'endroit est très bien.

Le mardi 29 mai 1917 - Levé à 8 h. Pas de vol aujourd'hui, les nuages sont trop bas.

Le sous-lieutenant Bernard J. Glynn

Né à Niagara Falls (ontario) en 1897

Mort dans la somme, en France, le 29 mai 1917

DEUXIEME PARTIE

–

SECONDE GUERRE
MONDIALE

JOURNAL DE GUERRE

–

SOLDAT CANADIEN
GEORGE « SPARKS » SHAKER

INTRODUCTION

George Shaker est président de la *Canadian Merchant Navy Prisoner of War Association*. Pendant la Seconde Guerre mondiale, il servit dans la marine marchande du Canada avec quelque 7 700 de ses confrères qui essuyèrent le feu des U-boats et firent face à d'autres menaces des Nazis. Près de 1 200 hommes périrent, et environ 220 furent capturés.

Le 22 février 1941, lors de son premier voyage, George Shaker, alors âgé de 21 ans, était opérateur de radio sur le paquebot *A.D. Huff*. Le *Huff* pouvait compter sur un équipage de 42 hommes. Il se trouvait à 800 km de Cape Race, à Terre-Neuve après avoir déchargé, en Angleterre, une cargaison de fer industriel et de papier journal. L'organisation des convois n'étant pas encore au point, le *Huff* naviguait seul lorsqu'un hydravion apparut soudainement et largua un message de la part du navire de guerre allemand *Gneisenau*, un point minuscule à l'horizon, ordonnant à l'équipage de se rendre.

Le capitaine tenta de dépasser le navire allemand, mais en vain. Le *Huff* filait à sa vitesse maximale de neuf noeuds tandis que le *Gneisenau* en faisait 32. La poursuite fut de courte durée. Un signal fut envoyé pour annoncer l'attaque du navire par les Allemands pendant que des obus s'abattaient sur le *Huff*. La chambre des moteurs fut touchée et deux hommes furent tués. Une autre vague de bombardements frappa la salle des radios. Au même moment, George Shaker, surnommé « Sparks » par ses confrères, sauta par-dessus bord avec le capitaine pour aller rejoindre le reste de l'équipage dans les eaux glaciales de l'Atlantique.

Le *Gneisenau* les ramena à son bord pendant que le Huff sombrait dans les abîmes de l'océan. (« *Nous avons eu de la chance*, affirma Shaker à voix basse, confortablement installé.*On ne venait pas vous repêcher quand votre sous-marin avait coulé* ».) Tout à coup, Sparks entendit un Allemand lui dire : « *For you, ze var iss over* » [Pour vous, la guerre est terminée]. Du vrai cinéma.

Pendant que George essaya d'envoyer un signal de détresse, l'opérateur de radio allemand entreprit de taper en même temps « bon anniversaire » en espagnol afin de brouiller le message de George; la tactique semble avoir fonctionné.

Quand George et ses confrères arrivèrent en juin au camp d'emprisonnement, près de Bremen, en Allemagne, aucun de leurs proches ne savait où ils se trouvaient. Sparks fit la une du *Toronto Telegram* car, à ce moment-là, parler des prisonniers de guerre était encore une nouveauté.

Au camp, George vit un commandant prendre son revolver et abattre un prisonnier de guerre qui venait d'écraser sa cigarette devant lui. Les seuls renseignements que George fournit à la Gestapo furent son nom, son rang et son numéro de série. Aux hauts-parleurs, on entendit que le *NSM Hood* fut coulé et que les forces allemandes approchaient de Winnipeg.

Le moral tomba. George et ses confrères furent ceux qui ont été emprisonnés le plus longtemps – ils arrivèrent avant même que les Allemands ne capturent des soldats.

Dans les camps de Stalag 10-B, de Marlag et de Milag Nord, Sparks fut contraint à un régime de soupe au navet. En 1 528 jours (quatre ans) d'emprisonnement, son poids passa de 155 livres à 113 livres. « *Ah! De la soupe au navet et de la choucroute! Grand merci à la Croix rouge pour ses 5 kg de petites gâteries : des saucissons, des galettes et des cigarettes* ». Pour passer le temps, les prisonniers de guerre soutiraient des pièces de radio, que Sparks défaisaient et cachaient dans des paquets de cigarettes Winchester. Ingénieux, ils parvinrent à entendre la British Broadcasting Corporation annoncer que le Bismark avait été coulé. Le moral des troupes remonta.

Voilà quatre ans et deux mois que Sparks est emprisonné lorsque les cornemuseurs de la 2eArmée britannique s'amenèrent au camp en jouant la plus belle mélodie que Sparks ait entendue depuis longtemps.

George finit par rentrer au Canada; il se maria et éleva trois enfants pendant qu'il travaillait dans une usine de fabrication de vêtements. Durant ses temps libres, George prit part au mouvement de la marine marchande des anciens combattants.

George « Sparks » Shaker frissonne encore, parfois dans son sommeil, et même en été. Tomber dans les eaux hostiles de l'Atlantique Nord, en plein mois de février, a de quoi refroidir les ardeurs.

FEVRIER 1941

2 févr. 1941

Départ de Londres - Arrivée à Methil, en Écosse.

11 févr.

Mis le cap sur Grangemouth, puis vers Oban pour rejoindre le convoi.

14 févr.

Départ d'Oban en convoi; avons parcouru 200 miles; le convoi s'est dispersé selon les ordres reçus de l'Amirauté.

22 févr

Bombardés et coulés par le Gneisenau.

28 févr.

Transférés sur l'Ermeland, prétrolier et prison flottante transportant des prisonniers de guerre de la MM.

MARS 1941

23 mars

Arrivés à Verdun, à Lapolise près de Bordeaux, puis transportés en autobus pour LaRochelle.

24 mars

Couché un soir à l'hôtel de ville de LaRochelle sur des lits de paille.

25 mars

Arrivés au camp de St-Médard en Jalle : nourriture horrible.

AVRIL 1941

2 avril

Quitté le camp de St-Médard en Jalle .
entassés dans des wagons de troisième
classe; tous les sièges sont enlevés, voyage
de cinq jours; passons par Paris, la
Belgique et la Hollande pour arriver en
Allemagne. Dernier arrêt : Bremervorde,
près de Hambourg et de Bremen. Évasion
de prisonniers à Aachen.

6 avril

Arrivés au camp après 14 km de marche.

7 avril

Installés au camp; il y a d'autres
prisonniers de la marine et des colonies;
les officiers et l'équipage sont dans des
casernes séparées; nourriture - un pain
pour 8 hommes - beurre aux deux jours -

eau contaminée - thé et café - difficile de se laver - difficile de nettoyer nos vêtements. 18 hommes par chambre, lits superposés à trois étages.

8 avril

D'autres vêtements pour porter au camp - uniforme de l'armée britannique, chapeaux, pantalons, manteaux, et autres.

9 avril

Tous les jours, on fait l'appel pour nous compter, à 7 heures et à 17 heures. Petit déjeuner servi à 7 h 30, déjeuner servi à 11 h 30 et dîner servi (thé) à 16 h.

10 avril

Reçu un numéro - George Shaker, prisonnier de guerre no 90268.

11 avril,

Vendredi saint - l'équipage du A.D. Huff
sera transféré demain.

12 avril

Embarqués dans des camions; emmenés à
des casernes maritimes allemandes à
Wilhelmshaven; on s'installe pour la nuit.

13 avril

Pâques - pain et confiture, café à l'édifice
des gardes, près des quais; sommes bien
traités; pas beaucoup de nourriture.

14 avril

Un peu d'exercice le matin; bon dîner;
transférés avec mes confrères de bord;
envoyé une lettre chez nous.

15 avril

Reçu deux colis à partager entre 30
hommes - beurre, chocolat, miel, poisson,

biscuits, cigarettes - une.

16 avril

Colis à partager - petite ration pour tout
le monde; raids aériens ce matin - amenés
dans des abris.

18 avril

Un autre raid, la nuit dernière, de minuit
à 2 h. Nous travaillons; d'autre
nourriture.

19 avril

Capturés depuis 8 semaines; aucun raid
aérien la nuit dernière; déménagés de la
pièce de l'étage supérieur des casernes
maritimes allemandes à celle de l'étage
inférieur; les prisonniers sont interrogés
tour à tour et envoyés dans une autre
pièce.

20 avril

Anniversaire d'Hitler; davantage de nourriture de la Croix rouge - bonbons, biscuits, et autres.

21 avril

Rien à signaler; poursuite des interrogatoires; raid aérien la nuit dernière.

22 avril

Mardi - cigarette d'extra.

23 avril

Mercredi - travaillons à l'extérieur durant le raid aérien.

24 avril

Sommes toujours à Wilhelmshaven - pas d'interrogatoire jusqu'à maintenant; raids aériens la nuit dernière.

25 avril

Journée monotone - joué aux cartes; raid aérien.

26 avril

Samedi - travaillons autour des casernes; raid aérien la nuit dernière.

27 avril

Dimanche - cigarettes

28 avril

Lundi - aucun raid aérien la nuit dernière. Déménagés dans la pièce de l'étage supérieur.

29 avril

Mardi - aucun raid aérien la nuit dernière. Nettoyons les bureaux et les corridors.
Pain et confiture chaque soir; la quantité diminue.

30 avril

Travaillons encore ce matin et cet après-midi; d'autres cigarettes.

MAI 1941

1er mai

Jour de congé; le raid aérien de la nuit dernière a duré des heures. Personne ne travaille.

2 mai

Vendredi - travaillons à nouveau autour des casernes. Aucun raid aérien la nuit dernière. Bonne nuit de repos.

3 mai

Raid aérien la nuit dernière, de 1 h à 4 h 30. Quelques biscuits et du fromage.

4 mai

Dimanche - départ pour le camp de Bremervorde. Un pain pour trois hommes; 1 petite boîte de sirop pour deux.

5 mai

Départ de Wilhelmshaven à 6 h; arrivés à Bremervorde à 14 h. Installés dans un camp naval.

6 mai

Dans une pièce avec nos propres officiers; les officiers et l'équipage sont séparés.

7 mai

Mercredi - leçons de sténo, concours etc? Colis de la Croix rouge, hier.

8 mai

Cigarettes livrées dans le colis de la Croix rouge; mangeons bien depuis qu'on a reçu les colis.

9 mai

Camp dirigé par la marine - recevons toutes sortes de cours chaque jour; pouding au pain.

10 mai

Environ cinq heures; devoirs; d'autres colis aujourd'hui, concert, football, et autres activités.

11 mai

Lettre envoyée chez nous. Les colis diminuent.

12 mai

Équipes de soccer, dards, cribbage.

13 mai

D'autres colis sont arrivés, aujourd'hui;

partie de football.

14 mai

Journée ordinaire, petit déjeuner, dîner.

15 mai

Journée normale. Partie de football.

16 mai

Avons reçu des colis; des petites gâteries.

17 mai

Cours de sténo, aujourd'hui ?????????

18 mai

Messe du dimanche - un autre pouding au pain; répétition pour le concert.

19 mai

Lundi - cours de sténo, et le reste. Reçu un colis - ils sont plus nombreux chaque jour.

20 mai

Journée normale - avons regardé des
parties de football

21 mai

Cours, et le reste

22 mai

Colis du Canada.

23 mai

Cigarettes.

24 mai

Samedi - cours de sténo

25 mai

Messe - danse, et le reste... jeux.

26 mai

Cours - football

27 mai

Encore des colis du Canada.

28 mai

Envoyé souliers à réparer - encore de la danse.

29 mai

Tennis sur table - avons nettoyé la table de cuisine pour jouer (je n'ai jamais pu jouer).

30 mai

Rien à signaler

31 mai

Samedi - leçons de danse. Semaine de la Pentecôte.

JUIN 1941

1er juin

Dimanche - messe le matin. Regardé des parties de football l'après-midi.

2 juin

Lundi - longue fin de semaine de congé - on ne travaille pas.

3 juin

Mardi - retour à la normale. Journée de livraison de mon colis de la Croix rouge.

4 juin

Mercredi - cours d'espagnol, de sténo, etc.

5 juin

Jeudi - lavé les draps, bibliothèque, etc... troc, etc...

6 juin

Vendredi - journée ordinaire - ? Peter
Bird ? évadé

7 juin

Samedi - journée différente, parties de
football, la dernière de la saison.

8 juin

Dimanche - on ne va pas à la messe.
Beaucoup de livres à lire. ·

9 juin

Lundi - début des activités sportives; il y
a des légumes à la cantine.

10 juin

Mardi - activités sportives annulées - il
pleut et il fait froid.

11 juin

Mercredi - il pleut toujours; un peu de soleil.

12 juin

Jeudi - encore de la pluie. Nouveau commandant - officiel de la marine.

13 juin

Vendredi - D'autres activités sportives, peu de nouvelles.

14 juin

Samedi - le concert commence - - chinois ????/

15 juin

Dimanche - le concert se poursuit; messe; pouding au pain de Bill.

16 juin

Lundi - jusqu'au 30 juin. Passé la semaine

aux concerts donnés par les camps de Marlag et de Milag. Poursuite des activités de la marine; colis de la Croix rouge; Gerald Conrod et moi recevons une lettre. D'autres membres reçoivent des lettres. Les colis de la Croix rouge continuent à arriver - un par semaine. Les concerts se poursuivent.

JUILLET 1941

1er juillet jusqu'au 13 juillet.

Cours, comme d'habitude - sténo - espagnol à la bibliothèque. Concert du Orama Band.

14 juillet

Bill a reçu une lettre de New York.

JOUR DE LA VICTOIRE EN EUROPE

Le spectacle qui s'offrait à nos yeux était ahurissant. Après avoir été faits prisonniers de guerre pendant plus de quatre longues années, notre libération et les réjouissances qui se déroulaient dans les rues de Londres, le jour de la Victoire en Europe, nous laissèrent bouche bée.

La population entière de Londres était en liesse. Les hommes et les femmes s'embrassaient et s'étreignaient. Montée sur des statues et des lampadaires, et du haut des fenêtres, une mer de monde criait sa joie. Les cloches sonnaient l'allégresse – un chahut qu'il faisait si bon entendre. Une joyeuse mélodie enveloppait la ville.

Le 27 avril 1945, les unités de la 2e Armée britannique libérèrent les camps de prisonniers de guerre de Marlag et de Milag Nord, situés entre Bremen et Hambourg, en Allemagne. Le matin suivant, nous entendîmes les cornemuses jouer « With a hundred pipers and a ' and a' »; les cornemuseurs, suivis des soldats britanniques, longèrent le chemin menant au camp. Que c'était beau à voir! Nous étions libres.

Quelques jours plus tard, on nous

emmena en avion dans un camp, situé à l'extérieur de Londres, afin de nous disperser. De là, on nous conduirait à Liverpool pour nous embarquer sur *l'Isle de France* avec des milliers de prisonniers de guerre en route vers le Canada.

Après avoir été coupé du monde démocratique, à quoi devions-nous nous attendre à notre retour au pays? Que sont devenus nos amis, nos parents? Comment vont-ils maintenant? Que faire? Terrifiés à l'idée de rentrer chez nous immédiatement, des copains et moi décidâmes de ne pas retourner au camp et de voir Londres briller de toute sa gloire.

Nous arrivâmes dans la ville le matin du jour de la Victoire en Europe; nous n'avions aucun endroit pour nous loger et ne savions où aller. On nous dirigea vers un hôtel fréquenté par du personnel de la marine. Le gérant nous trouva une chambre après avoir entendu notre récit. Une fois installés, mes amis et moi sortîmes dans les rues de Londres pour prendre part à la plus grande célébration de tous les temps.

Le 3 avril 1985.

JOURNAL DE GUERRE

–

SOLDAT CANADIEN
KENNETH TOOLEY
SCHUBERT

INTRODUCTION

Kenneth Schubert s'est enrôlé dans la Force aérienne le jour de son anniversaire, le 10 juin 1942. Après environ un an, il fut affecté en Angleterre et servit en tant que lance-bombes. En mai 1944, son aéronef fut abattu au-dessus de la Belgique. Il arriva à survivre à l'écrasement en obéissant aux ordres du pilote de sauter. Pendant quatre mois, une famille locale le cache des Allemands jusqu'à ce que les Alliés libèrent la Belgique. Il partage ses expériences de la Seconde Guerre mondiale dans ces mémoires.

Nous étions aux alentours de Noël 1941. Les nouvelles du front concernant la situation des Alliés étaient de plus en plus mauvaises et on parlait beaucoup de la conscription. J'ai décidé, tant qu'à faire, de choisir la composante des Forces canadiennes dans laquelle je souhaitais servir, et j'ai choisi l'Aviation royale du Canada (ARC), même si grâce à mon emploi sur le chantier naval, j'aurais pu être exempté de la conscription pendant un certain temps. J'ai quitté mon emploi sur le chantier naval, et le jour suivant les mâts de charge du bâtiment principal sur les postes d'accostage se sont effondrés. Je suis parti de Rupert pour me rendre à Vancouver et m'enrôler dans l'ARC.

Une fois à Vancouver, j'ai découvert que mon diplôme de 12e année ne suffisait pas pour être aviateur. Ils ne prenaient que des recrues qui avaient fait une année d'université, et je me suis donc inscrit dans une école de préparation à l'enrôlement, à l'ancienne Fairview School of Commerce de Vancouver, sur la Quatrième avenue. Je m'étais inscrit à des cours intensifs de quatre mois pour obtenir mon diplôme de 13e année et entrer à l'université, mais mes cours n'ont pas commencé avant le mois de février; je suis donc retourné à Ashcroft et j'ai passé la majeure partie du temps à Armstrong.

Pendant mon séjour à Armstrong, mon cousin, Pat Warner, s'est marié et m'a demandé d'être son garçon d'honneur. La demoiselle d'honneur s'appelait Helen Jean Watson. Au cours des deux mois que j'ai passés là_bas, nous avons appris à nous connaître assez bien et avons décidé que nous nous aimions suffisamment pour nous fiancer. Le temps est passé très vite, et j'ai obtenu mon diplôme de l'école de préparation à l'enrôlement; je n'étais pas bien plus brillant que le jour où j'y étais entré, mais je m'étais considérablement assagi.

Je me suis enrôlé dans l'Aviation royale du Canada le jour de mon anniversaire, le 10 juin 1942. J'ai été affecté au dépôt d'équipage Numéro 3, à Edmonton (Alberta), pour suivre l'instruction de base qui comprenait beaucoup de choses – on faisait des exercices de peloton sur le terrain de parade, on lavait les fenêtres et on faisait la plonge, on a posé un treillis métallique dans l'aéroport local pour sécuriser les pistes, et on chargeait des avions de transport à destination de la Russie, *via* l'Alaska.

C'est comme ça qu'a commencé ma formation d'équipage d'aéronef que je devais suivre par affectations successives, dans sept écoles différentes de formation de l'Empire britannique au cours de l'année à venir. C'était une période pour l'endurcissement des recrues, et comme j'étais en assez bonne condition physique, j'ai réussi à faire mieux que plusieurs d'entre nous. Une fois notre instruction de base terminée, nous ne savions toujours pas vraiment ce qui nous attendait.

Dès que j'ai eu terminé mon instruction de base, j'ai été affecté à la 2e École de pilotage militaire à Brandon (Manitoba), pour travailler sur l'aérodrome. Les tâches à effectuer sur place étaient de l'ordre de celles d'un bidasse ordinaire (personnel au sol). Nous étions là pour faciliter l'instruction des élèves pilotes.

Nous servions de guides aux pilotes qui faisaient des vols de nuit. Nous les conduisions sur les lieux de stationnement des avions en leur éclairant le chemin avec nos lampes de poche et nous volions avec eux à titre de guetteurs lorsqu'ils s'entraînaient à piloter aux instruments. Lors des exercices de vol de nuit, nous devions rester au bout de la piste et attendre que l'avion atterrisse, parfois pendant presque toute la nuit.

Certaines nuits, nous avions un camion à l'intérieur duquel nous les attendions, mais le reste du temps, nous n'avions rien, à part le froid; et Dieu sait qu'il faisait froid! Le jour, nous attendions dans la salle d'équipage jusqu'à ce qu'on ait besoin de nous. On nous jetait alors un harnais de parachute qui ne nous allait même pas et nous nous rendions à l'avion, toujours en courant.

Lors des exercices de vol à l'aveugle, nous servions de guetteurs, au moment où l'instructeur et l'élève pilote se mettaient sous visière ou capote, et volaient, uniquement à la lecture des instruments de bord, là-haut dans le ciel bleu. Mon rôle consistait à crier chaque fois que j'apercevais un autre avion qui avait l'air de se diriger vers nous. Le jour de mon premier vol, nous sommes montés à environ six mille pieds, et d'un seul coup, l'instructeur a coupé net les gaz, le nez de l'avion pointé vers le bas, et l'avion s'est mis à pivoter sur lui-même et à piquer en vrille. Ils n'ont jamais pris la peine de nous expliquer ce qu'ils projetaient de faire; du coup, j'ai pensé à ce moment là que notre temps était compté.

Après une chute vers le sol qui m'a paru durer une éternité, l'appareil s'est finalement redressé. Apparemment, ils s'entraînaient à faire des renversements. Après la première fois, j'étais suffisamment expérimenté pour avoir une idée de ce qu'ils allaient faire ensuite. Nous, les bidasses, touchions également une prime d'un dollar par jour chaque fois que nous partions en vol.

Ensuite, nous avons été affectés avec notre escadrille à la 2e École préparatoire d'aviation, à Regina. C'est là que les choses sérieuses ont démarré. Après plusieurs semaines d'entraînement, nous avons été répartis en plusieurs groupes pour suivre une formation de pilote, de navigateur ou de radiotélégraphiste-mitrailleur. On m'a donné le choix et je me suis inscrit à la formation de navigateur. Ensuite, je suis passé par la 7e École d'observation aérienne, à Portage la Prairie, où j'étais aviateur chef. À ce titre, j'avais l'autorisation de porter sur mon chapeau blanc l'insigne indiquant que j'étais recrue d'équipage aérien.

Avant que je me présente à Portage la Prairie, on m'a accordé un congé de 96 heures et je suis retourné à Armstrong où Helen et moi nous sommes mariés, à l'Église Unie, le 19 novembre 1942. Helen est restée à Armstrong jusqu'à ce que je trouve un endroit où nous installer à Portage. Elle est ensuite venue me rejoindre. Il a fait très froid cet hiver là, avec des températures de moins 50 degrés Farenheit. Helen a dû apprendre à s'habiller correctement pour se prémunir des engelures. Elle avait constamment les jambes et les oreilles gelées.

Le cours d'observation aérienne était
considéré comme particulièrement
difficile. Il portait sur la navigation à
l'estime, la navigation astronomique, la
signalisation par pavillons, l'utilisation de
la lampe de signalisation, les signaux du
code Morse, l'identification des aéronefs,
la lecture des cartes et l'armement. On
était d'abord formé au sol sur ces sujets,
puis on les mettait en pratique dans les
airs.

Je m'en suis assez bien tiré dans toutes les
matières du cours, sauf en navigation
astronomique, où je n'avais pas fait
suffisamment de visées d'après les étoiles
sur le terrain. Nous devions faire
plusieurs centaines de visées. Arrivé
environ aux trois quarts du cours, il était
évident que je ne réussirais jamais à faire
le nombre de visées requis, car j'avais

passé trop de nuits en ville avec Helen; j'ai donc changé de spécialité pour devenir viseur de lance-bombes.

J'ai été affecté au dépôt d'équipage Numéro 2, à Brandon (Manitoba), dans l'attente d'un cours. C'est la seule unité dont je me suis absenté sans permission, pour retourner à Portage voir Helen. On n'avait pas vraiment besoin de moi, puisque je ne me suis pas fait prendre.

Après Brandon, j'ai été affecté à la 2e École de bombardement et de tir de Mossbank (Saskatchewan). Je n'ai pas réussi à trouver de logement pour Helen, et elle est donc retournée à Armstrong.

C'est à Mossbank que j'ai vraiment trouvé ma voie. Les hommes de notre escadrille venaient de toutes les sphères de la société et, à mesure que le cours avançait, je me suis aperçu que ceux qui avaient un niveau d'éducation plus élevé n'étaient pas nécessairement plus brillants que le reste d'entre nous. En effet, les deux derniers de la classe étaient respectivement avocat et enseignant.

Nous avons repris tous les cours que nous avions suivis à Portage, en mettant davantage l'accent sur le bombardement, le tir, et la photographie aérienne. J'ai fini quatrième de l'escadrille, premier en signalisation et deuxième en bombardement aérien.

Les aéronefs utilisés à Mossbank étaient des Bolling-brokes pour le tir aérien et des Avro Ansons pour le largage de bombes. À bord des *Bollies*, les mitrailleurs de bord se trouvaient très à l'étroit. Un mitrailleur de bord s'installait dans la tourelle où il s'amusait comme un fou, tandis que les deux autres restaient coincés à l'intérieur du fuselage qui ne comportait aucun hublot, ce qui donnait le mal de l'air.

Le mitrailleur de bord installé dans la tourelle essayait d'atteindre une cible remorquée par un Lysander. Le pilote faisait glisser l'avion dans les airs en faisant des virages afin que le mitrailleur puisse s'entraîner à tirer sur une cible mobile. La cible était souvent si difficile à atteindre que les mitrailleurs de bord arrêtaient de tirer, en faisant comme si leurs mitrailleuses s'étaient enraillées.

Le pilote volait alors en palier, en suivant une trajectoire rectiligne et en gardant la cible pratiquement « assise » sur l'extrémité des mitrailleuses. Le mitrailleur de bord ouvrait alors le feu et la réduisait en lambeaux, sonnant le glas de la mission pour les autres mitrailleurs. Les stages de bombardement aérien s'effectuaient à bord d'Avro Ansons – des appareils lents, confortables, munis de nombreux hublots, à l'intérieur desquels l'air pur circulait librement. J'ai obtenu mon diplôme le 31 mai 1943, en finissant quatrième de mon escadrille, et j'ai été affecté de nouveau à Portage la Prairie pour suivre le cours de navigation aérienne.

J'ai trouvé très facile la partie du cours sur la navigation aérienne qu'on dispensait à Portage, car je l'avais déjà presque toute suivie. Les membres de notre escadrille ont obtenu leur diplôme de viseur de lancebombes le 8 juillet 1943, avec le grade de sergent. Nous sommes ensuite partis dix jours en congé d'embarquement. Helen est venue me retrouver à Sicamous et nous avons passé dix jours très agréables, à visiter la région entre Armstrong et Ascroft. Mae est venue nous rendre visite à Ashcroft, accompagnée de ses enfants, David et

Jeannette.

On a fait une petite réunion de famille; il ne manquait que Jim, qui était retenu dans l'Atlantique Nord. Pendant que j'étais en congé, j'ai reçu un avis m'informant que j'avais obtenu ma commission d'officier au grade de sous-lieutenant d'aviation. L'usage voulait en effet qu'on accorde leur commission aux élèves arrivés dans les premiers dix pour cent de chaque promotion.

Mon congé terminé, je me suis présenté au dépôt d'embarquement à Halifax (NouvelleÉcosse). Prendre le train et traverser le continent a été pour moi toute une aventure – c'était la première fois que je me rendais à l'est de Winnipeg. Le train était rempli de soldats et de femmes. On nous a attribué une couchette pour deux.

On prenait nos photos, on dormait avec un inconnu ou à tour de rôle – beaucoup d'entre nous sont restés debout la majeure partie de la nuit. Si je me souviens bien, on a mis trois jours et quatre nuits à arriver à Halifax. Là, nous avons connu les premières mesures de sécurité renforcée; la guerre se rapprochait encore plus. On y passait des examens médicaux, on nous prenait en photo et on inspectait notre fourbi. Alors que j'étais à Halifax, j'ai fait une grave crise d'urticaire sur l'ensemble du corps. Malgré tous les efforts du médecin, aucun traitement ne semblait faire effet. En dernier recours, le médecin m'a pris du sang dans le bras et me l'a injecté dans la hanche – l'urticaire a disparu comme par magie.

Le jour tant attendu de l'embarquement arriva. On était le 2 août 1943. On nous a fait monter à bord d'un train de transport de troupes et nous sommes arrivés le lendemain matin à New York. À part l'horizon, nous n'avons pas aperçu grand-chose de plus avant qu'on nous fasse monter à bord du *SS Aquitania*.

Il avait gagné à une certaine époque le « ruban bleu de l'Atlantique », qu'on accorde au navire de ligne de luxe qui réussit la traversée de l'Atlantique la plus rapide. L'*Aquitania* n'était pas très luxueux lorsque nous avons embarqué à bord. Tous les aménagements de luxe avaient été retirés et tout l'espace disponible avait été utilisé pour construire des couchettes. Les cabines, autrefois équipées d'un lit double, accueillaient désormais douze couchettes superposées, et c'était dans les plus beaux quartiers à bord, ceux des officiers.

À l'autre extrémité du quai par rapport à l'*Aquitania*, le *Normandie* gisait sur le flanc au fond du port. Il avait fait la fierté de la flotte française de paquebots, lui le plus grand paquebot du monde après le *Queen*

Elizabeth. Il venait d'être converti en navire de transport des troupes, lorsqu'il avait été victime d'un incendie dû à un acte de sabotage. Même gisant sur le flanc, au fond du port, les pontons étaient tous petits à côté de lui.

L'*Aquitania* faisait partie des quelques navires de transport de troupes considérés comme trop rapides pour être rattrapés par les sous-marins ennemis; il traversait donc l'Atlantique sans escorte. Il filait sur l'eau à pleine capacité, en changeant de cap toutes les cinq minutes environ, afin de se tenir hors de portée de tout sous-marin.

À chaque virage, il penchait dangereusement sur le côté, et les rivets grinçaient tellement qu'on aurait dit qu'il allait se briser en deux. Comme j'étais officier, on m'a affecté comme chef du service des incendies au pont de la patrouille G, qui était situé juste en dessous de la ligne de flottaison.

Un bataillon de Noirs logeait sur ce pont. S'ils avaient décidé de fumer dans cette zone réservée, je doute fort qu'ils m'aient beaucoup écouté. Le paquebot transportait environ 12 000 troupes. Nous avons effectué la traversée de New York à Greenock, tout près de Glasgow, en Écosse, en six jours et sans incident.

À Greenock, nous avons embarqué à bord d'un train de transport des troupes, et 18 heures plus tard nous étions à Bournemouth, une magnifique petite ville de villégiature au bord de la Manche. Elle servait désormais de dépôt pour accueillir les équipages de l'Aviation royale du Canada en attente d'être affectés dans des unités d'instruction avancée. La ville avait été bombardée et la guerre avait laissé des traces bien visibles tout autour, comme les immeubles calcinés et les barbelés le long des plages.

Le 3 septembre 1943, je suis arrivé à l'Unité d'entraînement supérieur au pilotage de Wigtown, qui se trouve à quelques milles au nord de Glasgow. C'était une station de la Royal Air Force (RAF) et, comme nous étions la seule escadrille de l'Aviation royale du Canada sur place, ça a créé des frictions et beaucoup de bagarres. Nous suivions une formation intensive d'un mois.

Nous passions notre temps tantôt dans les simulateurs de bombardement, les simulateurs Link, tantôt dans les airs, où nous partions bombarder des cibles détectables à l'infrarouge dans des zones industrielles et d'activités de navigation anglaises ou irlandaises. J'ai vraiment été impressionné la première fois que j'ai vu l'Irlande.

Vue du ciel, on aurait dit un grand parcours de golf, avec ses différentes teintes de vert et le bleu de ses lacs et de ses fleuves. Tous les équipages rêvaient de vivre un atterrissage forcé sur l'île de Mann, où il n'y avait aucun ravitaillement.

Nous l'avons survolée pratiquement à chaque sortie en vol de Wigtown, mais nous n'avons jamais eu la chance de nous y poser. Notre mois à Wigtown s'est bientôt terminé, et nous avons été affectés à la 22e Unité d'entraînement opérationnel, à Gaydon, près de Warwick, à quelques milles de Birmingham en direction du sud et près de StratfordonAvon.

Au cours de notre affectation à Gaydon, nous avons fait nos premiers vols opérationnels et avons été affectés à un équipage de façon permanente. J'ai été affecté à un équipage déjà formé du Sous-lieutenant d'aviation Bill Wilson, notre pilote, du Sergent de section Butch MacStocker, notre navigateur, et de l'Adjudant de 2e classe Al Casey, notre radio-télégraphiste-mitrailleur. Mes camarades avaient volé sur un bimoteur Hampden à la baie Patricia, près de Victoria (Colombie-Britannique), pour le commandement de l'aviation côtière.

Un jour qu'ils volaient de toute évidence à basse altitude, une vague avait atteint et tordu l'extrémité de leurs hélices, mais ils avaient réussi à rentrer à leur base, malgré tout. Ils ont été recrutés pour aller outremer au Bomber Command, sans tarder. J'ai rejoint l'équipage en tant que sous-lieutenant d'aviation, au poste de viseur de lance-bombes; le Sergent Grant Bull, mitrailleur arrière, le Sergent Harry Walker, mitrailleur dorsal, et le Sergent Jack Lee, mécanicien de bord, nous ont également rejoints. Jack était le seul membre de l'équipage qui venait de la Royal Air Force, et j'étais le seul Canadien qui n'était pas de l'Ontario.

À Gaydon, l'équipage devait apprendre à travailler ensemble comme une équipe soudée et également apprendre à piloter un bombardier léger – dans notre cas, il s'agissait d'un Wellington. Il était la vieille bête de somme de l'aviation depuis le commencement de la guerre. C'était un bimoteur à cylindres en étoile construit selon les principes de la géodésie – c'était une masse constituée d'un châssis croisé recouvert de tissus. L'armement à bord était constitué de quatre mitrailleuses Browning de calibre 0,030 po dans la tourelle arrière et deux autres dans la tourelle avant. Il transportait trois tonnes de bombes dans la soute à bombes du fuselage.

Le premier problème a été pour notre pilote d'apprendre à piloter cet aéronef – il était beaucoup plus lourd que tous ceux à bord desquels nous étions montés précédemment. J'ai volé comme mitrailleur arrière et viseur de lance-bombes pendant cette période d'adaptation, alors que le reste de l'équipage suivait des cours à l'école de formation au sol.

Ma tâche principale consistait à lire les cartes depuis le poste du viseur de lance-bombes pour faire en sorte que le pilote maintienne le bon angle d'approche de la piste. L'embrument industriel provoqué par les usines de Birmingham était tel que le pilote ne pouvait pas voir le sol depuis son siège.

Nous avons passé une semaine environ de familiarisation avec les circuits de trafic et les turbulences (atterrissages avec remise de gaz) afin que le pilote apprenne à sentir l'appareil avant que le reste de l'équipage ne nous rejoigne et nous avons continué à apprendre nos tâches individuelles respectives au sein de l'équipage. Le 15 novembre, nous avons commencé à voler tous ensemble, et à compter de cette date, nous volions chaque fois que nous pouvions trouver un appareil en état de navigabilité.

Lorsqu'aucun appareil n'était disponible, nous passions notre temps au simulateur Link, au simulateur de bombardement ou au champ de tir ou à l'école de formation au sol. Au sein de l'équipage, j'étais désormais viseur de lance-bombes, pilote en second pour le décollage et l'atterrissage, et je devais faire le point sur notre position pour le navigateur et le mitrailleur avant.

Nous faisions quelquefois des vols

d'entraînement au-dessus de Londres. Les Britanniques avaient un système qui consistait à orienter leurs projecteurs dans une direction pour indiquer aux avions d'entraînement dans quelle direction ils devaient quitter une zone sur le point d'être attaquée par l'ennemi.

Une nuit, nous venions à peine d'arriver, quand les projecteurs ont commencé à s'orienter dans une direction. Tous les avions alliés étaient équipés d'un émetteur radio qui, lorsqu'il était en marche, envoyait un signal qui lui permettait d'être identifié comme un avion ami.

Pour une raison inconnue notre émetteur avait éteint et, dès que nous nous en sommes aperçus, nous l'avons allumé et tous les projecteurs se sont éteints. Si nous ne l'avions pas allumé, nous aurions pu être la cible des tirs de l'Armée.

Le 1er janvier 1944, nous avons été autorisés à partir pour notre premier survol du territoire ennemi jusqu'à Rennes, en France. C'était un vol qui devait être facile – nous transportions 30 conteneurs remplis de tracts d'encouragement souhaitant aux habitants de Rennes une bonne année. Nous étions prêts à décoller et déjà engagés sur la piste, lorsqu'il est apparu évident que l'un des moteurs ne fournissait pas assez de puissance. Bill a décidé de couper les gaz pour essayer de freiner.

Nous nous sommes engagés sur l'aire de sortie de piste comme si nous n'allions jamais nous arrêter, mais les roues se sont finalement coincées dans le fossé périmétrique juste avant la clôture de démarcation. Le véhicule incendie aéroportuaire est arrivé à côté de nous presque aussitôt après que l'avion se soit immobilisé et ils nous ont fait débarquer et embarquer dans l'aéronef de réserve en deux temps trois mouvements. Nous avons finalement pris notre envol et sommes partis pour notre premier vrai vol.

Notre vol nous a emmenés entre les îles anglo-normandes, qui étaient aux mains des Allemands, ce qui leur a permis de nous tirer dessus des deux côtés; mais Bill avait bien appris ses leçons et il a réussi à nous faire passer à travers cette zone périlleuse sans écueils.

Alors que nous approchions de Rennes, j'ai pris le contrôle depuis mon poste de viseur de lance-bombes et pour la première fois, j'ai pu voir les mitrailleuses d'en-dessous tirer; les balles fusaient dans tous les sens autour de nous. Eh bien, j'ai vraiment eu l'impression d'être au mauvais endroit – je n'arrivais pas à me faire aussi petit que je l'aurais voulu.

Nous avons volé à toute allure vers le point cible, avons largué les tracts, et avons viré de bord pour prendre le chemin du retour. Les canonniers de l'artillerie antiaérienne ont dû penser que nous étions à leur merci, mais Bill a repris de la vitesse et nous a fait partir en piqué, si bien que les tirs des canons antiaériens sont passés au-dessus de nous.

Nous sommes revenus à la base sans la moindre égratignure, et un peu plus aguerris après quatre heures et demie de vol. Mon écart de bombardement moyen, qui était de 100,5 verges lorsque j'ai quitté Mossbank, était désormais d'environ 95 verges. J'étais meilleur que la moyenne.

Le jour où mon père m'a annoncé que Jim s'était évadé d'un camp de prisonniers de guerre dans le nord de l'Italie et qu'il arriverait bientôt en Angleterre fait partie des moments phares de mon affectation à Gaydon. Je suis resté en contact avec la B.C. House et avec le bureau de l'entreprise de radio Marconi à Londres pour être tenu au courant de son arrivée. Il avait navigué sur un navire qui s'était fait bombardé au sud de l'Italie, alors qu'ils essayaient de forcer le blocus imposé à l'île de Malte pour ravitailler les habitants de l'île.

L'équipage avait évacué le navire à bord des canots de sauvetage et traversé la Méditerranée pour se rendre en Afrique du Nord, où ils avaient été faits prisonniers par le régime de la France de Vichy.

Ils avaient été déplacés plusieurs fois, en raison des combats que se livraient Montgomery et Rommel dans la région et avaient finalement atterri dans un camp de prisonniers dans le nord de l'Italie.

Avec l'histoire de Jim, on pourrait écrire un livre et elle le mériterait. Une fois arrivé à Londres et autorisé à partir, il a pu venir me rendre visite à Warwick. J'étais bien sûr extrêmement heureux de le revoir vivant, même s'il n'était pas en très bonne santé. Sa captivité avait été une très grande source d'inquiétude pour maman et papa.

Nous avons obtenu notre diplôme de Gaydon à la fin du mois de janvier 1944, et on nous a accordé deux semaines de congé. J'ai pu aller rendre visite à des parents à moi du côté Tooley, à Stoney Stratford, et également à des membres de ma famille du côté Allen, à Northampton, et j'en ai aussi profité pour aller visiter quelques-uns des lieux touristiques de Londres.

À Londres, la guerre faisait rage, avec des raids aériens toutes les nuits, les projecteurs, les bombes, les tirs des canons antiaériens et les incendies, et des tas d'immeubles en ruine et d'avions abattus. Les gens de la ville s'entassaient dans les tunnels du métro et dormaient à même les quais ou sur des couchettes superposées installées le long des murs des tunnels. Ils semblaient s'être habitués à dormir là, malgré le vrombissement des rames de métro qui entraient en gare à quelques pieds d'eux seulement.

Une fois notre congé terminé, nous nous sommes présentés à une station de la RAF, à Topcliffe dans le Yorkshire. C'était une escadrille d'instruction de survie gérée par l'Armée britannique. À côté, la discipline à laquelle nous avions été habitués jusque-là s'apparentait à un jeu d'enfant – dans cette unité, nous n'étions plus traités comme des hommes, mais comme de véritables machines.

Avec les autres Canadiens, nous nous sommes serré les coudes et nous avons survécu. Je pense que notre très suffisant petit sergent-major anglais qui était d'une impudence peu commune à l'égard de ses hommes a bien dû rire quelques fois (lorsque nous étions hors de sa vue). Quel homme impressionnant, on l'entendait crier à un mille à la ronde. On faisait tout au pas de gymnastique à cet endroit.

Nous avons été affectés à la 1664 Conversion Unit, à Dishforth, dans le Yorkshire, pour apprendre à piloter des bombardiers lourds quadrimoteurs – dans notre cas, des Halifax Mark II. La nuit de notre arrivée à la base, un Halifax, qui était parti larguer des mines, est rentré de mission et a perdu une mine qui était mal accrochée au moment de l'atterrissage, si bien qu'il s'est littéralement fait exploser.

Le risque inhérent au pilotage est devenu

plus flagrant à cette station. Les avions allemands revenaient souvent vers l'Angleterre en empruntant le sillage des bombardiers et les abattaient au moment où ils atterrissaient.

Les Halifax de notre unité étaient des aéronefs qui n'étaient pas en assez bon état pour le vol opérationnel. Ils étaient vétustes, totalement usés par les heures de vol, sous-motorisés et partaient en vrille pour un oui ou pour un non. Nos instructeurs avaient tendance à prodiguer la majeure partie de leurs enseignements depuis le sol, en regardant les équipages de recrues faire leurs exercices depuis ce point d'observation. Il y a eu un certain nombre d'accidents, et la plupart du temps, il n'y avait pas un seul avion que nous étions capables de faire décoller.

L'instruction s'est déroulée exactement de la même manière que celle que j'avais suivie lorsque nous étions passés au pilotage des Wellingtons. Je volais aux côtés du pilote aux postes de viseur de lance-bombes et de mitrailleur arrière, pendant que le reste de l'équipage suivait les cours de formation au sol. Le pilote n'a eu aucun mal à se faire à ces appareils.

Puis, après avoir passé quelques semaines à faire des vols d'entraînement avec l'ensemble des membres de l'équipage, nous avons rejoint notre escadron. Les rumeurs habituelles concernant le lieu de notre destination et le type d'appareil à bord duquel nous allions voler couraient bon train. Nous avions tous parié que nous volerions sur un Lancaster.

LA SECONDE GUERRE MONDIALE

Pour nous le grand jour est arrivé – nous avons obtenu notre diplôme de l'unité d'instruction au pilotage d'avions lourds; notre équipage était prêt à partir au combat. Le 20 mars 1944, nous avons été affectés au 431e Escadron d'Iroquois situé à Croft, dans le Yorkshire; c'est de là que nous avons décollé le 1er avril pour effectuer notre premier vol d'entraînement – un beau poisson d'avril!

Le 431e Escadron était connu pour porter la poisse – c'était l'escadron qui avait subi les plus lourdes pertes au sein du Groupe numéro six. Il leur arrivait de perdre des avions qui effectuaient des vols d'entraînement. Afin de conjurer le mauvais sort, tous les équipages affectés à cet escadron devaient être meilleurs que la moyenne. Nous allions bientôt constater que cette procédure n'avait pratiquement aucun effet.

Il était prévu que nous volions à bord du tout nouveau Halifax Mark III. Ce nouvel appareil était nettement supérieur au Halifax Mark II, sur lequel nous avions volé. Il avait subi des modifications, avec des moteurs à cylindres en étoile plus puissants et une modification de l'empennage pour corriger les problèmes de décrochage.

Deux équipages ont été affectés à chacun des deux appareils, qui volaient à tour de rôle une nuit sur deux (toutes les opérations auxquelles nous participions se faisaient de nuit). Nous nous étions imaginé que nous volerions longtemps sur cet avion, mais au bout de trois semaines environ, l'autre équipage s'est « cassé la pipe », comme on dit, et notre appareil n'est jamais rentré. Dans notre ignorance, nous nous étions demandé pourquoi l'escadron possédait autant d'appareils neufs.

L'aérodrome de Croft était neuf. Les pistes et le lieu de stationnement des avions étaient les seuls endroits de l'aérodrome bitumés. Partout ailleurs, on pataugeait dans la gadoue, en raison de la pluie incessante. Les équipages étaient logés dans des petites baraques préfabriquées chauffées par de petits poêles à coke. Nous avions droit à un seau de coke par jour seulement.

Pour compléter cette ration, nous étions obligés de puiser dans celle que nous recevions pour le mess. Ceux qui nous avaient précédés dans notre baraque, l'avaient vidée de tout ce qui pouvait être retiré pour servir de bois de chauffage. Pour allumer un bon feu de coke, nous utilisions les douilles de cartouches de nos pistolets lance-fusées.

Nous les ouvrions en deux, versions une bonne partie de la poudre sous le coke, et répandions ensuite une traînée de poudre jusqu'à ce que nous soyons à bonne distance du poêle.

Un jour que la charge était un peu plus forte que d'habitude, elle a provoqué une vraie explosion en s'allumant. Des aviateurs qui passaient devant notre baraque se sont précipités à l'intérieur pour voir ce qui s'était passé. Ils ont prétendu que notre baraque avait fait un bond de près de 4 pouces au-dessus de la dalle de ciment (c'est ce qu'ils ont dit).

Une autre fois, je me suis brûlé le bras assez grièvement sur la paroi du poêle. Nous savions que si nous en parlions aux infirmiers, je serais retiré du service actif, pour être ensuite réaffecté dans un autre équipage après mon rétablissement. Pour éviter cela, nous avons réussi à cacher ma blessure jusqu'à ce qu'elle soit cicatrisée.

Nous apprenions désormais ce qu'était le monde de la guerre. Nous faisions de plus en plus de vols d'entraînement, de jour comme de nuit. Finalement, on nous a envoyés effectuer un vol de diversion, comme celui que nous avions fait en direction de Rennes. Cette fois-ci, nous devions nous rendre à un point situé à six degrés de longitude est dans la mer du Nord, à mi-chemin environ de la Norvège.

Il s'agissait d'attirer les avions de chasse allemands vers le nord, pour les éloigner d'un raid de bombardement plus important qui faisait cap vers le sud. Nous n'avons rien vu, à part l'écume blanche des vagues, et nous sommes rentrés avant que les Allemands aient compris quoi que ce soit.

Le 15 avril, nous devions partir faire notre premier vrai vol opérationnel au-dessus du territoire ennemi. Nous devions nous rendre à Noisy le Sec, qui abritait l'un des dépôts de rails de Paris. Notre chargement comprenait six bombes à explosif brisant de 1000 lb chacune et neuf bombes à explosif brisant de 500 lb chacune. Certaines de ces bombes étaient munies d'une minuterie permettant de retarder jusqu'à 48 heures leur explosion, afin d'empêcher les Allemands de réparer les dommages qu'ils avaient subis trop rapidement.

Après l'exposé avant vol, les équipages se dirigeaient vers leur appareil, où ils attendaient l'autorisation de lancer le raid aérien.

Nous attendions parfois pendant des heures, juste pour apprendre finalement que le raid était annulé en raison des mauvaises conditions météorologiques à l'endroit de la cible – ces périodes d'attente étaient très éprouvantes nerveusement.

Si le raid était maintenu, les avions roulaient vers la piste, en file indienne comme un troupeau d'éléphants, nez contre queue. Le premier appareil commençait à descendre la piste et n'était pas encore en l'air que l'avion suivant était déjà engagé sur la piste.

En cas d'accident, les aéronefs se contentaient de continuer à décoller pardessus les épaves. Bien souvent, la visibilité était très mauvaise, avec du brouillard ou de la pluie, mais en général, une fois que nous étions en l'air, nous sortions rapidement des nuages pour nous retrouver dans un ciel parfaitement clair.

En-dessous, les nuages ressemblaient à de

petites collines blanches ondulées et réfléchissaient la lumière de la lune.

En général, on ne voyait jamais aucun autre appareil avant d'arriver aux côtes anglaises, mais à mesure que nous nous rapprochions de la cible, les avions convergeaient de tous les côtés, arrivant aussi bien d'en haut que d'en bas. Nous ne volions jamais en formation.

Chaque avion était censé suivre la même trajectoire et maintenir la même vitesse. Toutefois, en raison d'erreurs humaines, d'actions de l'ennemi ou de problèmes mécaniques, nous étions généralement éparpillés sur une grande partie du ciel. Lorsque nous avons amorcé notre passage de bombardement sur Noisy le Sec, un autre Halifax venait juste d'amorcer le sien devant nous.

Apparemment, ils ont dû croire que nous les attaquions, car ils ont ouvert le feu sur nous avec leurs huit mitrailleuses en même temps.

L'air était rempli de balles traçantes tout autour de nous, mais je ne sais comment, elles ne nous ont jamais atteints. En tout cas, ils ont interrompu leur passage de bombardement et tout s'est passé si vite que nous avons continué et largué nos bombes sur la cible.

Nous avons largué nos bombes à six mille pieds, et avec le sol illuminé par les bombes éclairantes et les éclairs de mitrailleuses, on distinguait nettement les points de chute des bombes et les soldats qui tiraient en l'air depuis les rails et les wagons. Nous sommes rentrés à la base sans le moindre dommage et un peu plus assagis par cette expérience.

Aux alentours du 18 mars, j'ai reçu des nouvelles d'Helen qui m'informait que nous avions eu un fils, Kenneth Charles.

Cette excellente nouvelle était malheureusement gâchée par le fait qu'il avait une hernie à la base de la colonne vertébrale qui devait être opérée le plus tôt possible.

Apparemment, on était obligé de l'opérer et l'opération avait autant de chances de réussir qu'il avait de chances de mourir.

Je n'ai eu aucune autre nouvelle sur la manière dont se déroulaient les choses jusqu'à mon retour de Belgique, en septembre.

J'ai alors appris que sa hernie était due au spinabifida et que ses racines nerveuses étaient imbriquées dans la moelle épinière.

L'opération avait réussi, mais en raison de nerfs qu'il avait fallu couper, il avait gardé quelques séquelles qui se corrigeraient avec l'âge, selon les médecins.

Nous avons poursuivi nos opérations de vol pratiquement toutes les autres nuits, sauf lorsque les conditions météorologiques se détérioraient. Le 22 avril, nous avons effectué notre premier vol en direction de l'Allemagne pour aller bombarder une cible qui se trouvait à Dusseldorf.

La vallée de la Ruhr était connue pour être une véritable allée de canons antiaériens et, après notre mission sur Dusseldorf, nous ignorions pourquoi. Après avoir décollé, nous avons trouvé le moyen de manquer un message de la base concernant la correction vent.

Nous avons dévié de la trajectoire à suivre pour aller en France et sommes arrivés bien plus au sud; lorsque le navigateur a fini par corriger notre trajectoire, nous étions à peu près à 10 minutes de distance de la dernière escadrille des 2 000 bombardiers qui attaquaient la cible.

Et ça, c'était un péché capital selon le Bomber Command. Nous aurions dû nous trouver à dix miles du sillage principal des bombardiers, chacun d'eux volant seul dans le noir jusqu'à ce qu'ils atteignent la cible.

Arrivés à environ 100 miles de la cible, nous pouvions voir les feux, et après nous être encore rapprochés, la fumée dépassait notre plafond de 23 000 pieds. Nous apercevions notre cible à travers la fumée – tous les projecteurs de recherche étaient installés dans les collines et il n'y avait aucun autre avion dans le ciel.

Il n'y avait aucun avion de chasse et aucun tir de canons antiaériens. J'ai eu l'impression de mettre une éternité à ouvrir la trappe de la soute à bombes alors que le point de mire se rapprochait à pas de loup sur le cadran de visée. Nos bombes ont atteint la cible en plein dans le mille, nous avons fermé la trappe de la soute à bombes et erré (fait une manœuvre d'évitement) jusqu'à la base sans nous faire tirer une seule fois dessus.

C'était la fin de la paix et de la tranquillité. De retour à la base pour faire notre compte rendu de vol et notre rapport, nous nous sommes bien sûr fait sonner les cloches pour avoir été en retard sur la cible et pour avoir été encore plus en retard à la base, même si nous étions rentrés entiers. La vallée de la Ruhr ne serait plus jamais aussi paisible.

Le 24 avril, nous sommes allés faire un tour à Karlsruhe dans le sud de l'Allemagne. C'était le vol le plus spectaculaire que nous ayons fait. Nous avons voyagé avec un front météorologique qui était censé être derrière nous, en volant uniquement dans les nuages.

Notre appareil était entièrement chargé d'électricité statique, avec des décharges dues au phénomène du feu Saint-Elme qui couraient tout autour des cadres de hublot et se propageaient d'une mitrailleuse à l'autre. Nous étions toujours dans les nuages lorsque nous avons atteint la cible; nous devions lâcher nos bombes sur les bombes éclairantes lancées par la Pathfinder Force.

Ils lançaient les bombes éclairantes au sommet des nuages et, si nous visions celles-ci avec nos lance-bombes, elles continuaient leur chute pour arriver sur la cible en-dessous des nuages. L'appareil de tête de la Pathfinder Force volait autour de la cible à une altitude de moins de mille pieds, en dirigeant le reste du raid par radio.

Nous devions continuer de voler en direction de la cible pendant dix minutes et ensuite faire deux écarts pour nous retrouver sur la trajectoire à suivre pour rentrer à la base; nous étions censés nous écarter de la cible. Malheureusement, le vent de face avait tourné et, alors que nous étions sur le chemin du retour, il nous a ramenés au beau milieu de la zone surplombant la cible, où le temps était désormais parfaitement dégagé, derrière le front. Il y avait des tas d'avions qui volaient dans tous les sens, au-dessus et en-dessous de nous; aussi bien nos propres bombardiers que des avions de chasse allemands.

Avant que nous ayons pu nous sortir de ce pétrin, deux ME 110 (chasseurs allemands) nous ont pris en chasse et nous ont attaqués de chaque quart arrière à tour de rôle, pendant plus d'une demi-heure. Les mitrailleurs arrière et dorsal étaient occupés à entreprendre une manœuvre d'évitement et le pilote a réussi à nous mettre hors de portée des tirs de canon.

Malgré toutes ces mesures d'évitement, notre système de navigation à l'estime était touché, et il nous était impossible de savoir quelle était exactement notre position. Nous savions où se trouvait la Suède et nous avions une bonne idée d'où se trouvait la mer du Nord.

Le navigateur nous a proposé de suivre une trajectoire qui aurait dû nous emmener au-dessus de la Hollande, et nous avons pensé que, si nous pouvions atteindre la mer du Nord, nous pourrions toujours faire un amerrissage forcé au cas où nous tomberions en panne de carburant. Quand nous avons enfin traversé les côtes hollandaises, nous avons été capables de déterminer notre position et nous avons pu trouver une bonne trajectoire pour rejoindre notre base, à Croft.

Nous nous sommes posés sur la piste après sept heures et quart de vol, notre plus long vol, en n'ayant presque plus de carburant. Le lendemain matin, nous avons appris que deux bombes incendiaires de 4 lb avaient percé notre réservoir de carburant et qu'elles étaient d'ailleurs toujours dedans.

Elles avaient été larguées par un appareil qui volait au-dessus de nous, à coup sûr un Lancaster, parce qu'il possédait un plafond de vol plus élevé que les Halifax.

Le 26 avril, nous sommes retournés dans la vallée de la Ruhr pour larguer sept caisses de 500 lb contenant des bombes incendiaires de 4 lb et huit caisses de 500 lb contenant des bombes incendiaires de 30 lb sur une usine de roulements à billes à Essen et tenter de la détruire.

Nous devions attaquer en escadrilles avec plus de mille autres bombardiers. Au cours de ce vol, nous avons vraiment compris ce qu'était « l'allée de canons antiaériens ». C'était comme un gros nuage noir que nous devions traverser, avec le shrapnel qui venait frapper notre appareil comme si quelqu'un n'arrêtait pas de nous jeter des cailloux. Nous avons réussi à passer à travers et à aller vers la cible sans grands problèmes, même si nous pouvions voir les tirs à 100 milles à la ronde.

Avec les projecteurs, il faisait plus clair qu'en plein jour. On pouvait voir l'ensemble des bombardiers qui se dirigeaient sur la cible, et les chasseurs allemands qui les suivaient de tout près. On voyait nos bombardiers tomber en flammes. À pleine charge, l'Halifax ne pouvait monter que jusqu'à 23 000 pieds.

La fumée était épaisse à cette hauteur, et les bombes que les Lancasters larguaient à 25 000 pieds sifflaient autour de nous de toutes parts. Traverser ce chaos sans se faire toucher semblait totalement impossible. Nous avons foncé sur la cible, largué nos bombes et nous nous sommes aperçus qu'une de nos bombes était coincée; alors, le pilote a plongé en piqué pour repartir en décrochage et forcer la bombe à se détacher.

Nous avons ensuite fermé la trappe de la soute à bombes et nous nous sommes dirigés vers chez nous, en volant bien plus bas que l'altitude à laquelle nous aurions dû être. Alors que nous errions dans les airs, un autre appareil est apparu devant nous plus au-dessus – il s'est avéré qu'il s'agissait d'un JU88 (un avion de chasse allemand).

Nous avons continué de voler comme ça pendant plusieurs minutes et le JU88 a progressivement disparu dans le noir. Nous sommes rentrés à la base à l'heure prévue et sans une égratignure.

JOURNAL DE GUERRE

–

LIEUTENANT CANADIEN R. AZZIE

24 JANVIER 1945

Hello mes vieux,

C'est aujourd'hui le 24 au soir et je viens de recevoir votre lettre du 4 janv. Pauvre vieille Mum. J'ai tellement été surpris de constater sur votre lettre que vous n'aviez pas compris mon câblogramme.

Je ne pouvais pas mettre grand chose si ce n'est mon adresse d'outre-mer. J'espère que vous avez reçu ma lettre qui a suivie le câblogramme de près. Je suis aussi heureux qu'au jour ou j'ai écrit cette première lettre. Je répète les mêmes voeux et prie pour que vous soyez bien et en paix. Il fait bon au coeur mes vieux de vous savoir en paix et sauf après avoir vu ce qu'on voit ici.

Chaque jour encore - sans aucun avertissement - les "V" bombes éclatent tuant des centaines de personnes et détruisant. Il fait bon au coeur aussi de songer que bientôt peut-être je ferai ma petite part active à vaincre l'ennemi et à rendre la paix aux malheureuses victimes qui l'ont innocemment perdue.

Vivez en paix mes beaux vieux, ne vous préoccupez pas inutilement et laissez à Dieu ce qui appartient à Dieu. Si Dieu veut que je vous retourne je vous retournerai, je vous aimerai mieux et saurai peut-être vous mieux le prouver. Je me serai contenté aussi... Oh maman, que de merveilles - que c'est beau voyager, voir, apprendre et s'instruire.

J'arrive d'un congé de neuf jours. J'ai couru l'Angleterre, et visité l'Écosse... Je voudrais ne jamais arrêter. Pourtant j'aime ma petite chambre ce soir. J'ai un foyer dans ma chambre, les charbons et les braises crépitent et je rêve à vous tous et je vous aime tellement bien. Je déteste vous accabler mais Reine, voudrais-tu m'envoyer les articles suivants ainsi que le muffler que ma belle maman m'a tricoté. C'est dommage que je ne l'ai pas eu ces jours-ci.

Un lighter un petit cheap (pas un Ronson) n'importe quel petit grément du 5¢, 10¢, 15¢. Souvent on a besoin de feu et les allumettes sont trempées. Un petit miroir qu'on peut accrocher...

Si tu pouvais trouver quelque chose de dur à casser, quelque sorte de verre, c'est pour me raser.. pas trop gros. Puis quelques paquets de lames à rasoir Gillette. À chaque fois que tu m'enverras quelque chose, tu peux toujours en mettre quelques paquets ainsi que une ou deux briques de savon de toilette. Est-ce que maman à trouvé un portrait pour envoyer à Utopia?

Il y a bien des choses dont on manque, je ne veux que le nécessaire... peut-être une petite boîte de poudre à face pour après la barbe!

La nourriture est bonne et je me plais. "À vaincre sans périls on triomphe sans gloire"!

Mon vieux "Pop" j'ai bien hâte de te conter mes voyages. Portez-vous bien et je vous prie ne vous occuper pas inutilement. Actuellement je fais la même chose ici qu'au Canada. J'ai reçu une belle lettre de Georgette ce soir. Elle m'a écrit auparavant mais je nai pas reçu la lettre. Envoyez vos lettres par avion autrement ça prend énormément de temps. Je voudrais pouvoir m'étendre beaucoup plus longuement ici, mais l'espace est restreint. J'étais très heureux d'apprendre que la maison est assurée.

Comment vont les loyers? Georgette me dit qu'il fait très froid. Se lamentent-ils que c'est froid. Il fait froid partout cet hiver - spécialement quand on couche dehors. Je ne sais comment longtemps je serai ici.... j'espère qu'on m'envoie en Belgique ou en Hollande au lieu qu'en Italie. Je crois que je l'aurai aussi. Traverser la France, ce serait beau!

J'aime les gens et leur mentalité. L'Anglais est très spirituel. Il est distingué, la canne ou le parapluie à la main! Madame ou Mademoiselle est grande, blonde d'un blond d'or, svelte et souple, son petit panier au bras s'en va magasiner. Ils sont intéressants en conversation, très polis.

J'écoute plus que je ne parle. J'ai appris que j'avais beaucoup à apprendre et à voir. C'est tellement beau, tellement merveilleux... les monuments, le progrès, le genre de vie et les commodités sans noms dans ces homes. Oh mes beaux vieux, je vous emporte partout , je vous aime plus et plus encore. Portez-vous bien. Tout va bien ici. Votre bébé vous embrasse bien fort.

2 FEVRIER 1945

Hello Mom,

Tout éclate, le ciel se déchire et la terre s'ouvre partout.. quel grondement, quel tonnerre, quel déchirement! C'est la guerre, c'est le front enfin. Dis à papa que malgré que parfois la terreur nous déchire et brise, je veux y rester, je veux venger ceux qui tombent à mes côtés, je sens le besoin de continuer aussi loin que Dieu me permettra d'aller.

J'ai vu souffrir d'indicibles horreurs, j'ai vu râler, gémir, supplier et appeler aux secours... j'ai vu de longues processions de femmes, vieillards et enfants essayant de fuir leur foyer rasé, en pleine mitraille, nu et souffrant, affamé, tâcher de reculer là où nous sommes passés. J'espère que jamais ces malheurs arrivent à mon beau petit coin de pays! Actuellement tout tremble, tout le ciel se déchire!!

Grâce à vos prières mes vieux, j'ai été très miraculeusement sauvé d'une explosion qui aurait tout englouti ainsi que mon peloton au complet. Par un miracle inexplicable, la bombe qui frappa l'édifice où j'étais n'a pas fait explosion! Merci mes vieux, c'est à vous, c'est à St-Joseph à ma bonne maman du ciel que je le dois. Je compte sur vous, sur eux.. Moi je n'y puis rien si ce n'est remercier et continuer d'espérer en avançant toujours. Mon moral est très haut, je semble même parfois m'y plaire.

À ma première mission j'ai pris six prisonniers! J'étais très content, peut-être aurai-je une chance de me changer de bas ce soir, après dix jours sans changement. Ce sera bien beau retourner chez-nous après toutes les horreurs vues, ici, c'est indicible! Je ne croyais pas que la guerre puisse être aussi horrible!

Le moral des troupes est bon, bien que chaque pied est bien défendu et chèrement acquis..... nous faisons face à de très bonnes troupes ici. Nous avons tous nos moments de terreur, mais vient notre heure aussi.

Mais sous les bombardements on n'y peut rien... homme contre un enfer de feu et de tonnerre où vole l'acier... C'est beau à revivre... c'est terrible à vivre! Mais Dieu veille... je le remercie, je pense à vous... durant mes longues nuits, en attendant anxieusement le matin et le chant des oiseaux, je suis avec vous toujours. Je vous embrasse.

23 FEVRIER 1945

Bonjour mes vieux;

Ou plutôt : bonsoir! J'ai reçu vôtre câblogramme cet après-midi! Ce n'était même pas ton écriture Sol; et pourtant, comme il m'a fait du bien de lire quelques petits mots de toi...je sentais chez-vous de plus près.

À ce moment même je suis avec vous de toute mon âme. J'écoute avec presque des larmes aux yeux : "Connais-tu le pays où fleurit l'orange...le pays des fruits d'or..."

Elle chante comme Reine, elle me rappelle le petit salon, les vacances : Solyme, Germaine et Reine chantant, ou une réunion de Pétouques chantant..."Connais-tu le pays"...Si je le connais. "C'est ma veillée d'armes" mes vieux! Enfin j'y suis rendu. Demain je quitte le rêve, demain sans cesser de rêver pourtant, je prouverai ce dont je suis fait...

Demain, sous l'oeil de Dieu et en songeant à vous je courrerais face au danger et front à l'espoir...et, je t'entendrai me murmurer ma vieille maman comme au temps ou ma grosse tête pesait lourdement sur tes genoux : "Le voyez-vous, au sein de la bataille, le front radieux traverser la mitraille....l'ennemi fuit, tout cède à sa valeur...Tu vois maman, je ne te cache rien, demain, demain si Dieu veut, je vivrai ce que j'ai rêvé. Et je sais que je le puis. Je le puis parce que tu me l'as appris, parce que tu me l'as démontré souvent...Sacrifices, peines, douleur...C'est du contentement, de la joie en réserve..."Viens avec nous petit, viens avec nous, viens!!

J'espère que cette lettre ne vous attristera pas, que vous aurez la même force et la même confiance en celui qui permet que ceci arrive.

Si j'avais eu la liberté et la possibilité matérielle que j'ai ce soir, je vous aurais écrit tous les jours. Je vous prie de ne pas vous préoccuper si vous ne recevez pas ma malle aussi souvent. On a souvent le coeur à écrire, on a tant à dire, mais la condition dans laquelle on est nous transforme et tue nos nerfs : le froid, l'humidité - ou autre petit malaise qui rend amorphe et sans vie. J'espère recevoir toutes vos lettres qui sont actuellement en voie de m'arriver...

Combien plus chères elles vont m'être là où je serai...Mes beaux vieux "Lous" portez-vous bien, espérez et attendez-moi. Je vous aime tous les jours davantage, de plus en plus. Ce qui partageait mon amour avec vous, je l'ai maintenant, alors il ne reste que vous. Si vous saviez comme je vous voudrais heureux, comme je voudrais pouvoir vous témoigner tout mon amour, toute ma reconnaissance...

Portez-vous bien...Que Dieu vous bénisse et protège.

Votre bébé qui vous embrasse

9 MARS 1945

Hello mes vieux,

Chocolat, thé, pommes, etc. ...mes gars ont reçu des paquets et évidemment...toute la famille partage. Hier soir nous avions une maison aussi...deux poulets au feu...malheureusement ils n'étaient pas cuits lorsque nous sommes allés nous coucher...Le premier levé fut moi et ma première pensée fut les poulets.

Comme ils avaient bouilli toute la nuit, il ne restait plus d'eau et à peu près pas de poulet non plus. Ils avaient certainement rapetissé!! Nous avons nos beaux moments comme vous voyez. Et le bonheur des gens qu'on libère nous fait presqu'oublier nos fatigues et nos pieds meurtres! Nous sommes de nouveau en Hollande - pauvres gens, ils ont tellement soufferts, et ils n'ont pas fini. Il faut souvent brûler tout pour en chasser le "Boche"... il combat avec acharnement. Je suis bien mes vieux grâce à vos prières. Merci.

Ce soir une lettre de Reine et une de Thérèse. Votre malle m'arrive très bien et j'en suis réjoui. Je porte le petit gilet de laine avec bonheur. C'est un bijou. Et le lighter fonctionne en perfection...Tout va. Je suis content que vous aviez reçu les petits sabots, j'espère que vous recevrez le reste.

J'en enverrai un autre aussitôt que possible. J'espère qu'il vous parviendra...il y aura ce que je t'ai promis Sol...et c'est précieux, mais je doute s'il se rendra. Il appartenait à un petit officier autrichien que j'ai tiré moi-même, blessé, puis il faisait tellement pitié - la figure dans la boue que je suis arrêté pour le relever, l'asseoir à un arbre, le désarmer, puis, l'attaque fini je suis revenu à lui...lui ai donné à fumer...il ne pouvait parler mais ses yeux de tigre sont devenus d'un bleu acadien et tout mouillé de reconnaissance...pauvre malheureux.

Normalement on n'a pas le temps de nous arrêter nous mêmes aux blessés...les stretcher bearers suivent derrière les troupes. Quatre de mes "petits gars" ont été blessés en cette attaque...je les aime tout comme s'ils étaient mes vrais enfants...et demain sera comme aujourd'hui, et ainsi de suite, sous l'oeil de Dieu, on va là où il nous guide. J'aime ma vie.

Par moments la terreur nous étouffe. À d'autres on vole presque. Les hommes me connaissent bien maintenant...parfois ils me savent épuisé...mais lorsqu'ils me voient arriver en chantant et sautillant, les yeux brillants de joie, ils savent qu'on se prépare pour "action"!

Bientôt nous pourrons nous reposer je crois un peu...nous l'aurons mérité.

Portez-vous bien mes vieux Lous...espérez et continuez de prier bien. Vous êtes ma force, ma vie, tout mon espoir. Je serai tellement heureux de vous retourner. Et toi - mon gros Chou...dès que nous nous arrêterons j'essayerai de vous envoyer quel qu'argent. Sol, j'espère que mes paquets te parviennent tous.

Mon vieux pop je rêve à vous jour et nuit et me plais beaucoup en ce faisant...maman je vis vos vieilles chansons que j'aimais tant.

Bye mes vieux

Votre bébé

15 MARS 1945

Hello mes vieux,

Tout brille, tout chante, tout sourit. Dans une belle grande forêt où, il n'y a pas longtemps, nos hommes combattaient et tombaient bravement, l'on se repose de batailles bien gagnées. Le soleil est bien chaud, les feuilles jonchent partout le sol, les oiseaux babillent gaiement...chez-nous!!! Tout cet entourage fait rêver...et, on en a le temps enfin. Hier soir nous avons eu messe, confession, communion.

Le père Hickey - un ami de Solyme - était ici. Il est bien charmant. Il est Major! Quelle paix, quel charme! Surtout après communion! Le soleil lentement tombait - doucement la nuit nous entoura pendant que les six aumôniers donnaient des absolutions - assis sur les souches, sur des caisses de munition, adossé aux arbres etc., au loin les bruits des bombardements, le souvenir de nos derniers bombardements, et tout porte vers Dieu à le remercier, à le remercier encore.

Oh, beaux vieux, que je vous dois beaucoup pour toutes les grâces que vous m'obtenez, pour les miracles que vous me valez!

Nous avons chassé le Boche au-delà du Rhin. J'ai vu le Rhin, j'ai vu l'autre rive d'où l'on nous bombardait. Nous le traverserons bientôt quand nous aurons reformé nos rangs, remplacé les disparus, et entrainé les nouveaux. Vous allez rire lorsque vous recevrez mes paquets...Je voulais envoyer quelque chose...alors, ce que j'avais. À l'avenir je n'enverrai que vrai souvenir.

Sol, il ne te répugnera pas, de porter des souliers allemands - même si une "shrapnel" en a brisé le bout. Dans mon

449

deuxième paquet il y a un drapeau nazi - déchiré et sale..."Comme le parti d'ailleurs - maman pourra le réparer! Il a flotté!! Puis quelques petites insignes. Dans le premier gros, il y a aussi un pack d'officier allemand. Ce sera bon pour aller à la chasse.

Il y a aussi une musique à bouche...si vous rencontrez Leonide Soucy à St-Basile, c'est pour son fils qui m'avait demandé cela il y a bien longtemps...Au Canada je n'avais pu lui en trouver...Ce sera aussi un beau souvenir! Quant aux ustensiles, j'ai mis cela là sans penser! Est-ce que vous avez reçu les petits souliers pour Bertrand et Peter-James? Dites moi lorsque vous recevez mes paquets. J'ai beaucoup regretté de vous avoir demandé des cigarettes.

C'était difficile en Angleterre. Ici on en a tant qu'on veut. Je fume plus que papa n'a jamais fumé!! De même, ne m'envoyez pas trop de paquets...Ou ils sont perdus, ou on a pas le temps d'en disposer. De temps à autre des bonbons, chocolats et macarons...lames de rasoir, pas de cannages!

Quelque chose qui peut se manger bien et vite!! J'ai été très chanceux jusqu'ici. J'aime cela beaucoup! Pour arme je n'avais qu'un revolver! Je me suis procuré une mitraillette allemande! Je leur donne de leur propres balles et à un taux qu'ils connaissent!!!

J'espère que je pourrai l'emporter avec moi chez-nous. Avec le drapeau j'inclus aussi quelques pièces de monnaie - souvenir de la dernière guerre - inflation comme vous verrez par les montants...celle-ci n'a pas de valeur. Ici en Allemagne, nous employons une monnaie d'occupation.

Nous n'avons d'autres dépenses que nos timbres et très peu d'autres petits articles semblables. Je suis très bien et très heureux. Vous souhaite la même chose.

Vos fils très aimant.

1 AVRIL 1945

Bonjour mes vieux,

Il pleut en ce beau grand jour, c'est dommage pour un jour ci glorieux. Mais nous sommes joyeux et gais et bien portant. Nous songeons à Pâques aux repas qu'on a pris jadis en si bel entourage, aux cloches, à tout ce qui pourrait vous rendre un peu jaloux aujourd'hui. Mais non mes vieux, nous sommes bons soldats. On a défait le Boche hier et magistralement aussi...nous sommes à ses trousses, et nous saurons fêter aussi à notre tour lorsque tout sera fini.

Comment allez-vous mes vieux loups? Bien...Oh oui il le faut! Mais dites le moi si ce n'est pas le cas, j'aime mieux tout savoir. Ce matin - après une semaine je me suis lavé et rasé de ce coté ci du Rhin...Ça devait être bien beau ici, mais là où nous avons passé...Attila aurait figuré l'un petit gars! Dans ce secteur le Boche frappe encore avec férocité...nous aussi!

J'aime beaucoup mes hommes...ce sont presque tous de vrais petits "diables". J'ai quelques souvenirs à vous envoyer après ces dernières rencontres...j'espère que vous les recevrez...Avez-vous reçu les autres?.. Sol, j'essayerai de t'envoyer un revolver allemand.. Si tu ne le veux pas, tu pourras me le garder, ou le donner à Gaby en souvenir. Tu pourras trouver des munitions chez nous : 9mm.

Je prie avec vous...mais vos prières me soutiennent et me préservent et me font heureux. Les miennes sont trop courtes trop intermittentes, et... ce n'est pas la même chose que vous mes vieux loups, mon bon grand Sol, ma chère Reine...Vas-tu faire quelque chose à la maison ce printemps...Oh que ce serait beau si je pouvais aller un mois.

Mais je manquerais beaucoup de fun ici...et, il faut - comme papa me le disait souvent faire bien et finir ce qu'on a commencé. Courage mon vieux "Pop"...je suis votre exemple, je marche sur vos traces...on commence à me connaître aussi. Mom, j'ai de bon esprit Péttouque, de la gaieté et du rire dans mes répliques et mes actions.

Je n'ai pas envoyé aucun souvenir à Georgette encore...je n'ai rien trouvé.

J'espère vous dire bientôt...je vous verrai aussi bientôt j'espère.

Bye mes vieux Loups, mon gros Chou de Reine, mon bon vieux Sol.

Votre bébé vous embrasse

7 AVRIL 1945

Mes bons vieux parents ;

Je viens de recevoir votre paquet ce soir...quelle joie de recevoir quelque chose de vous. C'est tellement meilleur que tout autre, tellement comme chez-nous!! Une boîte de chocolat, du savon - j'en aurai pour la duration - des lames de rasoir, le miroir...Merci beaucoup!

Mes vieux, je ne cesse de remercier le ciel de m'avoir donné de si bons vieux parents dont les mérites accumulés m'apportent toutes sortes de bénédictions et de miracles. Depuis la traversée du Rhin nous avons marché, bataillé presque jour et nuit... Dans ma compagnie, je suis le seul officier..de ceux qui sont venus avec moi - qui n'ait pas été blessé. Oh, que vous êtes bons!

Que le ciel vous aime. J'y ai passé prêt souvent...on reconnaît même partout ici que le cas du boulet de canon qui ne fit pas explosion près de ma chaise est un miracle qu'on raconte partout. Et il est maints autres cas - non aussi éclatants - pareils! Et je suis heureux - fatigué ou reposé, sec ou mouillé, affamé ou plein mon ventre...nous avons nos temps durs...nous avons nos temps durs!

À Emmerich c'était très dur...ici à Deventer c'est un enfer!! Mais, mon étoile brille...on semble bien m'aimer pour ma gaité, mon entrain, mon enthousiasme...J'aime le champs, j'aime la poudre, j'aime ma vie. J'ai couvert beaucoup de contrée déjà.

Comme vous voyez par le dernier nom de ville mentionné, je suis en Hollande maintenant, le pays des digues, des moulins à vent paisibles et romantiques, des longues plaines, des paysans modestes - leurs gros sabots de bois - qui crient et pleurent de joie sur notre chemin que nous libérons.

Puis nous avons à peine le temps d'arrêter. Nous poussons plus loin... Nos pleurs coulaient mais notre oeil abattu, brillait encore lorsqu'on volait aux armes et vos belles vieilles chansons, elles ont été croquées sur le vif...combien vraies elles sont.

Si vous voyez Georgette...dites-lui que je suis fatigué, que je suis bien, que j'écrirai dès qu'un peu de temps libres; nous arrêterons bientôt pour un repos je crois...Soit j'ai un beau Luger pour toi que j'ai conquis hier...Oh, quelle charge, quelle bataille hier...le commandant était charmé...j'avais le feu plein l'âme...

Bye mes vieux

vous embrasse

5 JUILLET 1945

Hello Mom,

Viens de te lire avec plaisir... C'est bien beau te lire, te savoir debout, rêver en te lisant, revoir tant d'autres personnes, tant d'autres lieux que tu rappelles à ton souvenir. Le soleil me brûle le ventre pendant que je te griffonne sur mes genoux. Je viens de me faire ramoner par "batman" pour avoir resté trop longtemps au soleil et m'être fait brûler le dos.

Il m'a massé le dos, puis prédit que j'allais bruler cette nuit et que ce serait bon pour moi.

Nous sommes en Allemagne, dans Aurich. Le camp est immense, les édifices très imposants, tout en brique gros, des parcs, des jets d'eau, gymnasiums, salles de jeux, champs de jeux, salles de douches, etc...etc... c'est pour la Marine allemande. Avec une organisation pareille, pas surprenant qu'ils avaient une telle armée. Leurs supermen lavent les planchers et travaillent dans le camp ici... il faut admirer leur culture physique, leur muscles, leur physical fitness. On se demande par quel miracle on a vaincu de pareils légionnaires!

La politique de non fraternisation n'est pas trop dure encore puisqu'on sort peu, et puisqu'il n'y a pas grand chose en ville... du moins, je n'ai pas rien rencontré d'épatant encore! C'est peut-être mieux ainsi. Mais cette politique est insensée.. on nous punit beaucoup plus, non les Allemands qui se fichent pas mal et rient de nous. De plus ils seraient prêts à se faire amis à coopérer... si la non fraternisation dure trop longtemps, ils sont acerbes, toqués etc. ...

Nous aurons beaucoup de travail ici pour

nous garder occupés!.. de la garde, de l'entraînement, de l'éducation c.a.d. enseigner école et métiers divers aux soldats.

J'attends que tout soit définitivement organisé pour voir un peu. Actuellement, il n'y a absolument rien à faire!

Je n'ai pas reçu le paquet de Reine encore. Est-ce qu'elle m'a envoyé des cigarettes. J'aimerais que vous m'en envoyez assez souvent! C'est l'argent courant ici... je paierai tout. L'autre argent ici, ou en Hollande ou ailleurs ne vaut à peu près rien, on est susceptible de perdre sa valeur d'un jour à l'autre.

Mais avec des cigarettes on s'achète le nécessaire qu'on peut trouver ici... du thé, encore mieux! Alors, si vous m'envoyez un paquet vous pouvez inclure du thé, on peut obtenir un peu de chocolat ici. J'aime encore beaucoup les peanuts ou les noix. Si je puis aller en Angleterre avant longtemps, je vais vous envoyer tout ce que j'ai d'argent afin de payer un peu -Sol et peut-être quelques réparations.

Je ne saurais vous dire comment j'aimerais aller chez nous, vous voir tous, puis faire tous ces petits travaux.

Ne t'occupe pas ma bonne maman même si ça ne va pas trop bien avec Georgette même si je rencontre ici de bien charmantes "belles" je n'oublie pas!! Pop mon vieux "rough" quelque chose me dit que je te brasserai un peu bientôt. Portez-vous bien mes beaux et chers vieux.

Votre bébé vous embrasse.

24 AOUT 1945

Hello mes vieux,

Il pleut presque tous les jours dans cette triste partie de l'Allemagne, triste comme l'âme de tous ces malheureux qui ont perdu la guerre, qui nous demandent chaque jour si nous resterons ici longtemps, s'il est vrai que la Russie prendra toute l'Allemagne, comment ils seront chauffés cet hiver.

Ils n'ont pas de bois ni charbon...et très peu de nourriture. Et, il fait déjà froid ici. Beau vieux Lou, pourrais-tu me tricoter un beau petit sweater comme celui que tu m'avais tricoté et que je ne puis trouver nulle part. Puis, mon beau gros chou, si tu m'envoies quelques choses veux-tu y inclure une couple de "globe" pour ma flashlight...tu te rappelles! Quelques barres de savons, du thé & café...pas de lames de rasoir. Il y en a ici.

Quand je saurai davantage, peut-être te demanderai-je autres choses, lorsque je saurai où nous passerons l'hiver...en ce moment il tombe quelque chose du ciel qui ressemble presqu'à de la neige. Si vous voyiez ces malheureux gens, ces pauvres vieilles gens et des milliers de petits enfants (fruits des demandes de Hitler) à demi-habillés...et l'hiver qui s'en vient, et il n'y a rien pour chauffer encore, et je crois qu'il y aura des misères sans nous. La leçon est dure mes bons vieux, et la leçon que j'apprend ici ne se lit pas...elle se voit et on l'éprouve en soi-même.

Beaux vieux je suis tellement reconnaissant à Dieu de vous servir là où vous êtes et dans l'état où vous êtes...Mon bon vieux Sol...Reine cette bonne maman, et vous autres, Germaine et Thé...et leurs beaux petits enfants.

J'aime les enfants plus que jamais, plus je réalise que peut-être jamais j'aurai mes propres. On me connait très bien déjà ici et les vieilles gens sourient avec tendresse de me voir toujours entouré d'une clique sans nombre de ces charmants petits enfants! Je me plais n'importe où je suis et je suis reconnaissant de ce qui m'est donné chaque jour et de tout ce que vous avez fait pour moi.

Je regrette de ne pas pouvoir vous donner ce que vous désireriez: Être auprès de vous mais, s'il est quelque chose autre je vous prie de me le dire. Je songe à vous à chaque instant, je vous désire très fort, je vous aime follement et vous embrasse avec tout cet amour, toute cette folie...

CONCLUSION

Ainsi, à travers ces différents témoignages, on constate qu'il existe plus d'une différence entre la manière qu'ont les français, les canadiens de se raconter.

Tandis que les soldats français appuient énormément sur l'horreur de la guerre, de leur quotidien, de leurs amis décédés, des rats, de la puanteur dans les tranchées, les canadiens s'attachent à dégager les éléments positifs de leur périple, essayent de rassurer leurs familles.

On sent qu'ils désirent les convaincre que jusque dans les derniers instants tout ne fut pas que tristesse.

Que l'assaillant n'aura pas eu raison de leur capacité à s'émerveiller, à rigoler.

Ce livre est pour moi une belle manière de rendre hommage à des personnes dont nous ignorions l'existence, plus qu'un numéro de matricule, ils sont ceux qui ont cru en quelque chose de plus grand qu'eux mêmes.

Merci.

TABLE DES MATIERES

DEUXIEME PARTIE

**SECONDE GUERRE MONDIALE
(1939 – 1945)**

SOURCES

http://
centenaire1418hautlimousin.jimdo.com/

http://www.veterans.gc.ca/fra/
remembrance/those-who-served/diaries-
letters-stories

CPSIA information can be obtained at www.ICGtesting.com
Printed in the USA
BVIW121324150419
545477BV00031BA/499